「食」の図書館

ピクルスと漬け物の歴史

PICKLES: A GLOBAL HISTORY

JAN DAVISON
ジャン・デイヴィソン【著】
甲斐理恵子【訳】

原書房

目次

［……］は翻訳者による注記である。

序章◉はじめに

「漬け物」と聞いたら、何が思い浮かぶだろう？　韓国の辛い漬け物、キムチだろうか？　トルコの酢のきいたトールシだろうか？　インドのスパイシーなアチャール？　それとも塩気のある日本の漬け物？　ヨーロッパのザウアークラウトとニシン漬けとか、アメリカのディル・ピクルスとか？　それともイギリスの風味の強いチャツネだろうか？

世界各地に無数のタイプがある漬け物は、まさにグローバル・フードだ。しかも、現代的な食べ物でもある。21世紀初めの現在、西欧で漬け物――自然醗酵した野菜――への関心が高まっているのは、伝統的な漬け物の作り方や食べ方が再評価されている証拠だ。

漬け物の物語のはじまりは、数千年前に遡《さかのぼ》る。およそ３０００年前、古代中国の手稿に野菜の漬け物の記述が初めて登場した。人類の歴史を通して、漬け物は食品の保存と風味づけに役立ってきた。西欧では、漬け物（ピクルス）とは塩水や酢に漬けた食品を意味する。

しかし、それでは漬け物のごく一部しか説明できていない。ラテンアメリカでは、酢の代わりに柑橘類《かんきつるい》の果汁に魚介類を漬けて、郷土料理とも言えるセビチェを作る。南アジアでは、食品をマスタードやごま油に漬け、腐敗を防ぐために太陽の熱を利用する。東アジアでは漬け物の技術が発展し、味噌《みそ》や米飯等、さまざまな塩気のある食べ物を独創的に使うようになった。

漬け物には、薬味や調味料として使われるものや、前菜やつけ合わせとして出される料理も含まれる。漬け物は、偉大な王も、貧しい農民も口にした。ローマ帝国や中世のバグダッドのエリートの食事には、漬け物が欠かせなかった。とはいえ、歴史を通して漬け物は、庶民の食べ物だった。古代中国では、酢漬けの野菜が万里の長城の建設作業員を支えた。かつてヨーロッパの大半の国では、酢漬けの魚やキャベツ、キュウリが食事の主役だった。それほどまでに漬け物は身近で大切な食べ物だったので、リトアニアではロガシスという漬け物の神まで誕生した。

おもに食品の保存手段として偶然誕生した漬け物は、味わいも独特だ。一品の食べ物として申し分なく、楽しみと満足感を与えてくれる。淡泊《たんぱく》で味がぼんやりしたデンプン質の主食によく合うことが、何世紀にもわたって証明されてきた。多くの文化で、日々の食事に変化を与えるために浅漬けが作られてきた。浅漬けの例として、日本にはひと晩で作る一夜漬けが、中国には香辛料と砂糖の入った塩水にきざんだ野菜を短時間漬けた泡菜《パオサイ》が、メキシコにはみじん切りのトマト、マンゴー、パイナップル、タマネギ、トウガラシ、コリアンダーをレモン果汁やライム果汁とあえたサルサソースがあげられる。技術が発達した現在は、漬け物の保存食としての重要性は注目されなくなってきた。それでも消えることなく広く食されているのは、何と言ってもその味わい――塩味、酸味、ぴりっとした刺激――が愛されているためだ。

近年は漬け物が身体に良いとして注目されている。もっとも試しやすいところでは、二日酔い対策に漬け物の調味液を飲むことが多くの文化で一般的だ。漬け物が優れた食品であることは、太古の時代から知られていた。2世紀のギリシアの医師ガレノスは、漬け物は痰《たん》を抑え、食欲を増進させ、消化吸収を助けると述べた。ローマの政治家、大カトーは、著書『農業論 *De Agri Cultura*』（１６０年頃）で、酢漬けのキャベツを「朝、胃が空っぽのときに食べる」ことが「関節の不調」の治療になり、「酢とハチミツに漬けて、塩をふったキャベツ」ほど消化不良にきくものはないと述べた。18世紀には、海洋国を悩ませたビタミン欠乏が原因の壊血病の予防に、ビタミンCが豊富なザウアークラウトが注目された。乳酸菌の働きで生まれる醗酵漬け物には、身体に良い細菌が含まれる。そのため消化機能だけではなく、リンパ系や免疫システムにも良い影響があるようだ。アンチエイジングや抗癌作用が期待されるものもある。こうしたさまざまな健康上の利点が理由で、現代のアメリカでは、東海岸やカリフォルニアを中心に家庭や専門店で漬け物作りが盛んになった。この流行はイギリスでも見られ、家庭では醱酵させた野菜の漬け物の人気が高い。対照的に開発途上国では、これまでにないほど廃棄食品を減らすことができると、食品科学者が示唆している。改良された醱酵と漬け物作りの技術を使えば、手に入りやすい地元の食品を最大限に利用できるからだ。このように、漬け物は世界の飢饉《ききん》との闘いにも貢献するかもしれない。

本書では、古代文明の時代から21世紀の現代まで、さまざまな漬け物の文化的、料理学的重要性を探る。1000年以上前に書かれた古代中国、ローマ、アラブの書物に見られる漬け物作りの技術から、白菜の漬け物が宇宙へ行った経緯まで明らかになるだろう。また、東洋の代表的な漬け物や、西欧社会で馴染みの漬け物の起源も学ぶ。伝統と技術は時代を超え、大陸を横断してきた。現代のラテンアメリカのエスカベシュの起源をたどると、中世の中東の食事に行き着く。一方イギリスのチャツネは、植民地インドと切っても切れないつながりがある。漬け物をめぐる人類の探究の旅には、共通のテーマが見え隠れする――それは長持ちするだけではなく、味の良い食品を作りたいという人々の願いなのである。

第1章◉食品の漬け込み　原理と作り方

食べ物を塩や酢に漬け込むことは、もっとも古く、もっとも簡単な食品の保存方法のひとつだ。古代中国では塩を使い、メソポタミアの人々は酢を用いた。彼らが数千年前に習得した技術は、現在も使われ続けている。この章では、漬け物の科学的側面と実際の作業を探究する。どこで、どのように漬け物が作られるのか、世界各地の例を見てみよう。

◉漬け物の原理

新鮮な食品も、時間がたつにつれて、細菌や酵母、カビの作用で傷んでいく。一般的に、食品を塩水や酢、柑橘類の果汁に漬け込むと、酸性の環境（ペーハー値4・6以下）ができるので、食品を腐らせる微生物の繁殖が邪魔されて食品毒や病原体が除去できる。アジアで

食品を塩や酢に漬け込むことは、新鮮な食品を保存するための最古の方法だ。

は、塩気のあるさまざまな漬け床やマスタードオイルを使う方法もあるが、それについてはのちに触れることにしよう。どのような材料を使って漬けるか、そしてその過程で食品が醱酵するかどうかが、できあがる漬け物の風味を決める。

漬け物作りで大きな役割を担うのが、塩だ。食品はどれも、塩をふると浸透圧の作用によって細胞から水分が抜ける。このときに食品の身が引き締まって香りが凝縮し、風味が増す。果物や野菜の場合、塩をふると細胞壁に含まれるペクチンが固まる。するとぱりぱりと歯ごたえが良くなると同時に、植物繊維をやわらかくするペクチン消化酵素の働きも遅くなる。塩の存在が、食品を腐らせる危険な細菌や酵母、カビの増殖を妨ぐわけだ。逆に言えば、塩が乳酸菌の増殖に最適な環境——食品から出る水分や栄養分——を提供するということだ。このようにして、多くの漬け物作りに欠かせない醱酵が起こるのである。

◉塩漬け

塩漬けは多くの文化に見られる漬け物で、ふたつのタイプがある。ひとつは長く日持ちする醱酵タイプ、もうひとつは数日で食べ切らなければならない無醱酵タイプだ。

中国は、醱酵塩漬け発祥の地とみなされている——紀元前11～7世紀のあいだに書かれた詩に、ヒョウタンの漬け物が登場するからだ。その技術が、中国からアジア全域に広まった。韓国では、塩を加えて醱酵させた白菜にトウガラシをまぶして、ぴりりと辛いキムチを作った。日本では、中国と韓国両方の手法に独自性を加え、現在は少なくとも7種類の技術を誇る。西欧で有名な塩漬けは、ニシン、キャベツ（ザウアークラウト）、キュウリだろう。

醱酵塩漬けは、塩と乳酸菌の作用が頼みだ。このふたつが意外にも手を組むおかげで、漬け物特有の食感や酸味、そして日持ちする性質が生まれる。塩は、漬け込む野菜や果物ごとに、水に溶かして塩水にしたり、そのまま果物や野菜にふって食材から引き出される水分に頼ったりと、使い分ける。

塩水は、あらゆる食品の保存に使われる。世界中どこにでもある醱酵塩漬けといえば、キュウリの漬け物だ。原産地とされるインドから世界へ広まったこの野菜は、いまやアジア、中東、アフリカ、ラテンアメリカ、北アメリカ、ヨーロッパで塩水に漬け込まれている。地中海沿岸では、塩漬けと言えばオリーブが一般的だ。エジプトでは、トールシという塩水を使った野菜の漬け物の人気が高い。東南アジアや東アジアでは、キャベツやカラシナといった葉物野菜が塩水で漬けられる。タイのパッカードーン、インドネシアのサユールアシン、中国のハムチョイはその例だ。

漬け物に使う塩水には、砂糖を入れたり、デンプンを含む米のとぎ汁を混ぜたりする。どちらの場合も乳酸菌を増やし、醱酵を促す効果がある。マレーシアの塩漬け、ジェロッには、未熟なマンゴー、パパイヤ、パイナップル、ライムが使われる。子供たちは、この甘酸っぱい果物の漬け物が大好きで、おやつに食べる。西インド諸島では、バナナも塩水で漬け物にする。

ふり塩は、水分が多い野菜に使われる方法だ。キャベツにはふり塩が一般的で、もっとも有名な例はドイツのザウアークラウトだろう。千切りにしたキャベツに塩をふり、重しを載せる。塩でキャベツの水分が引き出され、1日程度で水が上がってくる。その水分と塩が混ざって、塩水の調味液ができる。東ヨーロッパやロシアの伝統的な方法ではキノコ類がこの

漬け物作りで使う塩には野菜の歯ごたえを保つことから醱酵の促進まで、多くの役割がある。

漬け方で保存され、よく冷やしたウオッカに合わせるおつまみとして人気だ。北アフリカでは、ふり塩でレモンを保存する。レモンを4等分に切り、塩をふって容器に詰めると果汁で塩水ができるので、それを日向に置いて醱酵させる。北アフリカや南アジアでは、同じ方法でライムを漬ける。

醱酵には、自然界に広く存在する乳酸菌が関係する。乳酸菌は塩分濃度の高い環境にも耐え、湿気があるとすぐに活性化する。塩によって野菜や果物の細胞から引き出されるデンプンや糖分をエサにして、その過程で乳酸とごく少量の別種の酸、アルコール、二酸化炭素等のガス、そして芳香性エステルの混合物を生成する。このなかで、漬け物の最終的な風味を決定づけるのは酸と芳香性エステルだ。調味液の中で二酸化炭素が小さな気泡となって発生し、酸素と入れ替わって野菜の色を保つ役割を果たす。醱酵には乳酸菌のうち、ふたつの大きな細菌グループが関与する。ひとつ目のリューコノストック属が醱酵過程を開始し、弱酸、アルコール、芳香成分の複雑な混合物を作る。ふたつ目のラクトバシラス属は醱酵を完了させ、おもに乳酸を生成する。どちらのグループが優位になるかは、塩分濃度や温度、酸性度によって決まり、それが漬け物の香りや味を決定づける。独特の酸味が特徴のドイツのザウアークラウトと、酸味と発泡性は低めの韓国のキムチの違いは、漬け物に存在する細菌によるところが大きい。ザウアークラウトではラクトバシラス・プランタルムが、キムチではリューコノストック・メセンテロイデスが、それぞれ活性化しているのだ。

醱酵にかかる時間は周囲の気温に左右され、わずか1日から数週間、数カ月と幅広い。ほとんどの醱酵漬け物作りに最適な気温は、約21℃だ。暑すぎると醱酵が激しくなり、酸味が強く日持ちのしない漬け物ができあがる。もっとゆっくり2週間以上かけて醱酵させると、香りが良く日持ちもする漬け物になる。常温なら、キュウリは24時間以内に部分醱酵するが、完全に保存できるようになるには数週間かかる。この間にキュウリは調味液を吸収し、果肉が透明感のある白色からオリーブグリーンに変化して、しっかりしたぱりぱりの食感になる。つまり、浸透圧の差によってキュウリの細胞壁から水分が引き出され、その分漬け汁に含まれるディル等の調味料が吸収されるということだ。醗酵が止まった漬け物は、調味液に漬けたまま涼しい場所で保存できる。調味液から取り出して、スパイスや香料を加えた酢やオイルに浸しておくこともできる。塩水醗酵の野菜を酢に浸すと、1年以上持つ場合もある。

保存期間の長さより味わいを重視したのが、東アジアや東南アジアで一般的な浅漬けだ。日本では一夜漬けとも呼ばれ、薄切りにした野菜に塩をふって重しをし、1日程度寝かせてから食卓に出す。中国で浅漬けと言えば、泡菜がお馴染みだ。きざんだ白菜や多彩な野菜を、香辛料と砂糖を入れた塩水にごく短時間漬ける。このほかにも、トウガラシやショウガ、花椒《かしょう》で風味づけした水と酢に浸したり、漬け物容器に残った調味液を利用したりと、浅漬けもさまざまだ。同じように韓国では、浅漬けキムチを米酢で作る。アメリカには、新鮮なキュウリを塩水に漬け、数日冷蔵庫に入れて作る「浅漬けディル・ピクルス」がある。塩の働きで、キュウリは鮮やかな緑色のまま、ぱりぱりの食感に変化する。

◉酢漬け

4000年前、古代メソポタミアでは野菜を酢に漬け込んだ。中東で盛んだったその手法は、アフリカ北西部の国々やシチリア島、スペインにまで広まり、そこからアメリカへも

酸性度が高い酢は、天然の防腐剤だ。漬け物にはあらゆるタイプの酢が使われる。中東ではブドウ酢やデーツ酢［ヤシ科の樹木ナツメヤシの果実デーツで作る酢］が、アジアではココナツ、サトウキビ、パームシュガー［ヤシ類の樹液から作る砂糖］、米から作られる酢が用いられる。ヨーロッパをはじめとするワイン産地ではブドウが原料のワインビネガーが漬け物に使われ、リンゴの生産地ではシードルビネガーが、ビール等の醸造の伝統を持つ地域ではモルトビネガーが使われる。蒸溜酢、別名ホワイトビネガーは、麦芽やトウモロコシで作られる。

伝わった。酸性度が高く（ペーハー値2・2）、微生物の繁殖を抑える酢は、天然の防腐剤なのだ。

酢を使う漬け物は、気温が高すぎて塩醱酵の漬け物作りには適さない地域でよく見られる。イラクでは漬け物はトールシと呼ばれ、さまざまな酢漬けが作られる。まず野菜を塩水に漬け込んで歯ごたえをよくし、部分醱酵させる。それを、ハーブやスパイスを加えていったん沸騰させてから冷ました酢に浸す。インドや南アジアの酢漬けはよりバラエティ豊富で、グースベリー［スグリ科の樹木の実］やパイナップル、キュウリ、トマト、タケノコといった食材も好まれる。北インドのパンジャブ州では、鶏肉や羊肉をスパイスで調理して酢に漬け込む。ラテンアメリカは、酢や柑橘類の果汁で作る独特な漬け物の宝庫だ。たとえば、調理済みの肉や魚、生野菜や加熱した野菜の酢漬けのエスカベシュ、生の魚介類をレモンやライム、ビターオレンジの果汁と塩で漬けたものが、いまや世界的に人気のセビチェがある。イギリスにも酢漬けの伝統があるが、気温ではなく味の好みが理由だ。材料には赤キャベツ、タマネギ、タマゴ等が使われる。

水で稀釈《きしゃく》していない酢で作った酢漬けは、醱酵が抑えられる。水で薄めた酢で作る場合は、酢に水と塩を加える。酢を加えた塩水の調味液はトルコやバルカン諸国では一般的で、塩漬けと酢漬けの中間のような存在だ。塩水の中の酢が醱酵を妨げずに促し、乳酸菌が増える弱酸性の環境を生む。できあがった漬け物は、酢の独特の風味もまとっている。

◉その他の伝統的漬け物

アジアでは、塩水や酢を使わない漬け物も多い。中国や日本では、塩気のある醱酵食品を漬け汁や漬け床にする。中国では味噌や酒粕《さけかす》が好まれ、日本ではそのほかに醤油《しようゆ》、米糠《こめぬか》、米飯、米麹《こめこうじ》も使う。漬け床にデンプンを含ませるのは、醱酵を促進するためだ。乳酸菌がデンプンを乳酸に変えると食品が高酸性になり、その結果食品は長持ちする。漬け物の材料はふり塩か天日干しで2日ほど置き、漬け込む前に水分を飛ばす。そうして作られる漬け物は、数日で食べられるようになるものもあれば、数カ月、あるいは数年かかるものもある。タイでは、米糠や米を使うプラーラーという魚の塩漬けが一般的だ。

インドやパキスタン、バングラデシュには、塩とスパイスを合わせたマスタードオイルやごま油で作るオイル漬けがある。そのなかでもっとも人気が高く、世界各地へ輸出されているのがマンゴーの漬け物だ。青い未熟なマンゴーを丸ごと漬けるもよし、薄切りにしたりすりつぶしたりするのもよし、種をくりぬいてスパイスを詰めるのもよし。生で使うこともあれば、加熱してから漬けることもある。オイル漬けはほかにも、トウガラシ、ライム、グースベリー、タマリンド［マメ科の樹木の果実］、パパイヤ、ジャックフルーツ［クワ科の樹木の果実］、ナス、カリフラワー、オリーブ、魚でも作られる。晴天の暑い日は漬け物作りに最適だ。たいていの場合、果物や野菜に塩をふって日干しにし、スパイスやオイルとともに広口瓶に詰める。漬け物の広口瓶は、最長1カ月間、日向に置くことで日持ちがよくなる。太陽の光と熱がカビの胞子や細菌を殺すためだ。

ロシアにも伝統的な漬け物がある。リンゴ、セイヨウナシ、プラム、そしてタルトに使われるベリー（カウベリー［ツツジ科の樹木の果実］、クラウドベリー［バラ科の植物の果実］、リンゴンベリー［ツツジ科の樹木の果実］）を、水、あるいはわずかな塩とお好みで砂糖を溶かした水に漬け込むのだ。こうした果物を漬け汁の中でゆっくりと、最長1週間醗酵させる。この漬け物はモチェニャと呼ばれる。作り方のとおり、「浮かし漬け」という意味だ。

第2章◉アジア　醗酵と加熱

東アジアは、漬け物の世界の最強地域だ。食品を塩漬けにして醗酵させると長期保存できることにいちはやく気付いたのは、古代中国の人々だった。その手法は東の朝鮮半島へ広まり、やがて日本へ伝わった。どちらの文化も独自の漬け方を編み出し、新たな技術を開発して果物や野菜、魚や肉の無数の漬け物を生み出した。その数はざっと数百にのぼる――漬け物は、人々の日々の暮らしに溶け込んでいるのだ。

◉中国

田の中にあばら屋あり
田の縁の畑にはヒョウタン

男はその実を乾燥し、漬け込み
偉大なる先祖へ捧げる

中国の塩漬けの歴史は、非常に古い。この詩は、紀元前11〜7世紀に遡る詩集『詩経』からの引用だ。ここで使われている中国語の「ズー」や「ツー」は、「塩をふり保温する」、つまり「漬け物にする」という意味なので、中国が塩を用いた漬け物発祥の地であるという説もうなずける。

当時の中国では、酢はまだ存在しなかった。別の太古の書物『周礼《しゅらい》』は、古代中国の周王朝（紀元前1046年頃〜紀元前256年）の官職とその務めについて詳述すると同時に、当時作られた漬け物も幅広く網羅し、「チー」（「キー」）や「ツー」（「ズー」）と呼んでいる。『周礼』によると、この頃には漬け物に塩のほかに酢も使われるようになっていたらしく、醱酵食品管理官が漬け物作りを監督したようだ。

王室一族の必要量に合わせ、管理官は醱酵調味料と保存食を貯蔵するために60本の瓶を用意する。管理官はそこにウー・チー（薄切りにした塩漬けの肉または野菜5種類）、チー・ハイ（骨を抜いた肉のペースト7種類）、チー・ツー（ざく切りの塩漬け野菜7

種類）、それにサン・ニ（骨を残した肉のペースト3種類）を入れる。

薄切りの漬け物には牛や羊の胃、ハマグリ、豚肉、ガマ［ガマ科の植物］の根、イグサの茎が使われ、カブ、アオイの葉、タケノコ、セロリ、チャイブはざく切りの漬け物にされた。漬け物に添えられるペーストは、たとえば巻き貝、カエル、ウサギ、シカといった肉の薄切りで作られた。こうした食材に塩、醱酵作用のある菌、良質な酒を混ぜ、100日間放置した。[1]カブの塩漬けには、シカ肉ペーストが添えられた。フヨウの漬け物にはノロジカ肉のペーストが、ガマの根には中国産の大型シカ肉のペーストが添えられたらしい。漬け物は、王宮の食事には欠かせないひと品で、儀式や余興の際は必ず用意されていた。『詩経』に収められた「シン・ウェイ」は、特別な祝いの席について物語る詩だ。そこでは「ソースと漬け物を／あぶった肉と、直火焼きの肉につけ合わせる。／そして聖なる食物、胃とほほ肉」が供されている。料理長に課された仕事内容から、供物のスープの味つけに塩漬け野菜が使われたことがうかがえる。

手間のかからない漬け物は、一般庶民にとって欠かせない食べ物だった。紀元前3世紀の始皇帝の時代、万里の長城の建設記録によると、徴集された何万人もの農民は労働の見返りに醱酵野菜を食事として与えられたが、それはどうやら塩水に漬けた白菜やカブの葉だった

伝統的な中国の漬け物壺。蓋は溝の中に収まる。溝には醱酵が進むと水がたまり、壺に空気が入るのを防ぐ。

らしい。6世紀の農業の手引き書『斉民要術《せいみんようじゅつ》』［「人民の幸福のために重要な技術」の意味］（532～549年頃）は、食物に関する現存する中国最古の書物だ。キャベツの塩水漬けの作り方が初めて記載されたのもこの書だったと言われ、古代中国の人々が考案した漬け方に磨きをかけた数々の方法が紹介されている。著者の賈思勰《かしきょう》は、果物や野菜を使ったさまざまな漬け物を列挙し、その大半は現在も東アジアや東南アジアで作られている。賈思勰は塩水や米麴でキャベツを漬けたり、酒粕に塩を混ぜた漬け床を使ってウリやショウガ、ワラビ、セイヨウナシを漬けたりしている。野菜を漬けるのに、酢や、塩を溶かした酢も試していたようだ。また、

甘酸っぱい四川泡菜。数種類の野菜を香辛料、酢、砂糖を混ぜた薄めの塩水に漬け込み醱酵させる。

ヒエやアワの粥《かゆ》や醱酵菌を塩水と組み合わせて、カブやカラシナも漬けている。

魚の漬け物の調理には細心の注意が必要だった。この太古の技術が歴史に登場するのは、紀元前3～紀元前1世紀頃のことだ。塩をふった生魚と米飯を層にして重ね、風味づけにハナミズキや酒、オレンジ等を加えて密閉容器で醱酵させる。魚の漬け物は調味料として使われ、人気の高さからザァという特別な呼び名もついた。その後の数世紀で、米飯で醱酵させた食材からありとあらゆる漬け物が生まれた。豚肉、羊肉、ガチョウ、アヒル、アオジ［ホオジロ科の鳥類］、エビ、イガイ、ハマグリ、そしてさまざまな野菜等々だ。こうした漬け物は、見た目も美しく盛りつけられた――14世紀の記録によると、魚の漬け物のピンク色の身を透きとおるような薄さに切り、それをボタンの花びらに見立てて、いまにもほころびそうなつぼみに仕上げたそうだ。しかし18世紀末にはザァの人気はすっかり落ち込み、この太古の伝統は書物にその痕跡を留めるのみとなった。中国南部の湖南省の常徳市は、細かく砕いた米粉と塩で醱酵させた、ザーラージャオという赤トウガラシの漬け物で有名だ。米を炊いた白飯に漬けた魚は、日本や韓国、東南アジアではいまだに人気がある。

『斉民要術』には、白菜やタケノコ、カラシナ、海藻といったさまざまな浅漬けの記述がある。賈思勰は、野菜をさっと湯がいて冷水に取り、それから塩、酢、ごま油をあえると「香りも逃げず歯ごたえも残る」と述べた。また、キクラゲの一夜漬けの作り方も記されている。キクラゲを湯通しして薄切りにし、酢と豆乳、味噌、コリアンダー、ネギを混ぜ、最後にショウガとコショウを加える。このレシピでは、「ジャン」、つまり醱酵味噌を時代を先取りして漬け床として使っている。醱酵味噌が初めて現れたのは7〜10世紀で、現代の中国でも広く使われている。キノコ、ショウガ、ナス、海藻、葉物野菜、それにカニも同じように漬けられる。果物、とくにウリやセイヨウナシ、シトロン類［ミカン科の樹木］の果実を味噌を使って漬けると、甘味や酸味に塩味と香りが相まって、ほかにはない独特な漬け物が生まれた。

サユールアシン。カラシナの塩水漬け。インドネシアで人気の野菜の漬け物だ。

ジャンの漬け物における重要性は、ジャン・イェン・サイという漬け物の総称に表れている。これは現在中国で作られるおもな3つの漬け物を網羅し、どれも賈思勰が残したレシピが起源だ。最初のグループのジャンサイ（またはジャンツァイ）には、味噌漬けと、ザオ、すなわち酒粕と塩で作られた漬け物が含まれる。これは中国南部と長江流域で一般的だ。揚州市のウリのザオと南京市のナスのザオは、中国全土に知られている。ふたつ目のイェンサイは、塩蔵《えんぞう》［食材を塩に漬けて保存すること］の保存食を意味し、カラシナとキャベツはこの方法で漬けられることが多い。葉物を湯がき、日光に当てて半乾きにしてから塩をすり込み、陶器の壺に入れて醱酵させせると、酸味と塩味のきいた漬け物ができる。3つ目の重要な漬け物グループ、サンサイは、酢や塩水に漬ける酸味のある保存食だ。なかでももっとも人気があり、家庭でもよく作られるのがパオサイだ。キャベツや種々の野菜を、酢、酒、砂糖を加えた塩水に1日程度漬け込んで醗酵させると、ほのかに甘味と酸味のある漬け物ができあがる。食べたい量の野菜を取り出したあと、壺にあらたに野菜を追加することもできる。漬け汁は、時折酢や酒等を補充しながら使うことができ、数年、あるいは数十年持つとも言われる。歳月とともにうまみも増すようだ。中国南部では、漢民族の一派である客家が、半干しにして塩をふったキャベツをデンプン豊富な米のとぎ汁に漬け込んでハムチョイを作る。この手法は東南アジアでもキャベツやカラシナに使われ、数千年以上前に築かれた伝統がいまも続いている。

◉韓国

2008年4月8日、韓国人初の宇宙飛行士として宇宙へ飛び立った李素妍《イ・ソヨン》は、韓国の国民食であるキムチ――白菜の漬け物――の宇宙食を持参した。『ニューヨーク・タイムズ』紙によると、3つの政府研究機関が数年がかりで、数百万ドルかけて細長いキムチの缶詰を開発したという。注ぎ込まれた費用と労力から、韓国の人々がキムチをどれほど大切に思っ

韓国では、毎年秋になると家族や友人、隣人が集まって白菜キムチを作る。この恒例行事はキムジャンと呼ばれる。

ているかがわかる。実際韓国では、キムチが毎日の食事に欠かせない。40年ほど前、アメリカ大統領執務室での意見交換会で、韓国首相の丁一権《チョン・イルグオン》がアメリカ大統領リンドン・ジョンソンに「とてつもなく深刻な」問題について直訴した。ベトナム戦争でアメリカ兵と共に闘う韓国兵が、長期間キムチを食べられず、士気が著しく下がっているというのだ。丁首相は持論を主張するために個人的な体験を引き合いに出し、アメリカに大使として赴任したときは「妻以上にキムチが恋しくてたまらなかった」と語った。ジョンソン大統領はことの重要性を理解し、キムチの缶詰製造と韓国軍への輸送にかかる費用を負担した。[2]

韓国の人々にとって、キムチは食事としても文化としても重要な意味を持つ。キムチとは、口がひりひりするほど辛い野菜の漬け物だ。おもに生の白菜やダイコンをニンニク、トウガラシ等の香辛料とともに塩水に漬けて醱酵させる。韓国の料理では米のつぎに欠かせない食べ物で、朝食にも昼食にも夕食にも出される。そのため「あらゆる食料品の半分はキムチである」と言われるほどだ。食事のたびに、3〜4種類のキムチがつけ合わせとして出される。味が淡泊な米飯や粥や麵と組み合わせると、キムチの刺激の強い複雑な香りと歯ごたえの良さがとても引き立つ。

カール・ペダーソンは、著書『食品醱酵の微生物学 *Microbiology of Food Fermentations*』（1979年）で、キムチを知ったばかりの頃の体験をこう述べている。

食品の中でも別格なのは、種類が豊富なキムチだ。（中略）ひと皿目はとても辛く、口の中が焼けつく。急いでつぎに手を伸ばすと、今度はまろやかで酸味があり、西洋のザウアークラウトにも似ている。そして3皿目にはナッツや小魚も入っている。[3]

キムチが誰の口にも合うのは、甘味、酸味、塩味、辛味、苦味という5つの基本味［五行思想におけるものは上記の5つ。生理学的には辛味ではなくうまみとなる」すべてが含まれているためらしい。これらの味のバランスのおかげで身体にエネルギーが湧くと考えられているので、食事のたびに出される。韓国の人々にとって数字の5は、東洋の五行思想という自然哲学に基づく特別な意味を持つ。そのため、キムチが5種類の味を持つのも当然の結果だろう。

太古の昔から、朝鮮半島の人々にとってキムチは日々の重要な食べ物だった。葉物野菜を塩水に漬けて陶製のかめに保存する食品は、4000年以上前から作られていたことがわかっている。6世紀に建立された法住寺《ポブジュサ》の石箱は、冬に備えて大規模にキムチ作りをしていたことを示す最古の工芸品のひとつだ。この行事はキムジャンと呼ばれる。李奎報《イ・ギュボ》（1168～1241年）の詩集には、かなり初期のキムチにまつわる記述があり、これが文献に初めて登場するキムチとされている。

漬け物のダイコンの薄切りは夏場によく合うつけ合わせ、
塩漬けのダイコンは冬の始まりから終わりまで食べられる。
日に日に太るその実は、
霜のあとに収穫し、包丁で薄く切ると梨のような味わいだ。

当時のキムチは、見た目も香りも現在の一般的なキムチとはかなり異なった。15世紀の作家はキムチを「黄金色の野菜」と描写している。キムチ特有の色と辛味の元である赤トウガラシが韓国に伝来したのは16世紀末頃なので、キムチに加えられるようになったのはそれ以降だ。

キムチ作りがもっとも盛んなのはキムジャンの時季だ。韓国各地で行なわれる晩秋の伝統行事であり、重要なイベントだ。市場では大きな縦長の白菜が山積みにされ、各家庭では数十個の白菜を用意して、友人や隣人の協力のもと、韓国の漬け物の代表格であるペチュキムチ(白菜キムチ)作りにいそしむ。大勢で集まって、数百もの白菜の漬け物を作る催し物もある。カラシナ、ダイコン、ショウガ、ネギ、ニンニク、トウガラシにパプリカ、塩、そして粉トウガラシで作った香りの強いペーストを、白菜の葉1枚1枚に厚く塗り広げていく。その後白菜を隙間なく並べて漬け込み、1カ月間醗酵させる。キムチという言葉は、中国語で「漬けた野菜」を意味する沈菜《チンサイ》に由来するとの説もある。

キムジャンの期間中、キムチ用の野菜の価格指数が全国ニュースで毎日放送される。2010年に韓国で白菜が不足したときは、1玉2ドル50セント程度から14ドルに価格が跳ね上がった。この白菜の価格上昇には誰もが頭を抱え、政府もこの問題を討議した。有力

伝統的な韓国の陶器のかめは、韓国の国民的漬け物であるキムチ作りに使われる。

冬の間、キムチのかめを縁まで雪に埋めると、5〜7℃の安定した温度を保つことができる。そのためキムチはゆっくりと醱酵する。キムチは食べる量だけその都度取り出す。現在はこの手法に代わって、ほぼすべての家庭にキムチ専用の冷蔵庫がある。

紙はこの危機を「国家的悲劇」と呼んだが、これは決してメディアによる誇張ではない。キムチは韓国の生活や宗教儀式の中心にあるからだ。誕生日や結婚式、政府要人の宴会や重要な祝宴、故人を偲ぶ宗教行事「チェサ」では、キムチは最高のごちそうとみなされる。妊娠中の女性には特別なキムチが用意され、生まれてくる子供の健康を願う。そして大勢が協力して作ることで、親族や共同体の大切さが再確認される。こうしたキムジャンの文化的重要性は2013年にユネスコにも認められ、「人類の無形文化遺産の代表的な一覧表」に加えられた。

ソウルにあるキムチ専門の博物館、ミュージアムキムチ間《カン》では、187種類のキムチを展示し、地域ごとの特徴がわかるように趣向を凝らしている。大半の地域が白菜やダイコンを使い、トウガラシ、ニンニク、チョッカルという魚の塩辛、特にエビやアンチョビーから作った濃厚なチョッカルで調味する。なかでももっとも一般的なのは、白菜で作る基本的なペチュキムチと、太く白い朝鮮ダイコンを角切りにして作るカクテキだ。カクテキは、砂糖と塩で水を抜いたダイコンにカラシナ、ネギ、ショウガ、ニンニク、粉トウガラシ等の香辛料を加えて作る。伝統的な白いキムチ、ペッキムチは、数世紀前からトウガラシを使わずに作られてきた。白菜にカラシナ、ネギ、ニンジン、セイヨウナシを詰め、ショウガとニンニクで風味づけした塩水で醱酵させる。夏には、浅漬けキムチがキュウリ、ナス、夏ダイコン、

ペチュキムチは夏によく食べられる漬け物で、白菜とニラを粉トウガラシ、魚醤、塩漬けエビで調味する。

スイカの皮といったさまざまな野菜で作られる。

キムチが健康に良いことは有名だ。伝統的なペチュキムチを科学的に分析した結果、体に良い細菌が存在し、ビタミン、ミネラルが豊富で、抗酸化作用があると判明した。キムチを食べると癌細胞の増殖が抑えられ、鳥インフルエンザが治り、免疫力が高まるとの説もある。２００３年に東アジアでＳＡＲＳ（重症急性呼吸器症候群）が大流行したときに韓国ではほとんど患者が出なかったのは、キムチの予防効果のおかげだとも言われた。その後キムチの売り上げは40パーセント上昇した。(4)

韓国の有名な白菜の漬け物に存在する

ヨルムキムチはダイコンの若菜で作る。

発泡性の細菌は、宇宙食キムチの開発に取り組む科学者が直面した大きな難問のひとつだった。細菌は放射線を浴びると醱酵し、発泡のコントロールがきかなくなるので、宇宙へ持ち出すためには殺さなければならない。同時に、ペチュキムチ特有の味わいや色、食感は是非とも保ちたかった。もうひとつの課題は、キムチのいつまでも消えない強い匂いを弱めることだった。科学者は、どちらの課題も見事に克服した。こうした努力のおかげでキムチは宇宙へ運ばれただけではなく、地球上でも売り上げ増加につながった。キムチの健康への効用が注目されるようになったのだ。現在、長期保存が可能で匂いも少ない缶詰のキムチは、世界中に輸出されている。

◉日本

日本は、漬け物にまつわる専門知識の大半を韓国と中国から取り入れた。漬け物が最初に発達したのは雪深い北海道や東北地方、北陸地方だと言われている。北日本では、冬場の農閑期の食事の中心が歯ごたえのある醱酵野菜だった。ここから漬け物作りの手法が全国に広まった。10世紀には漬け物の人気が高まっていたため、平安時代に編纂《へんさん》された法令集「延喜《えんぎ》式《しき》」にも記載された。930年に進献されたこの文献では、塩、醬油や魚醬《ぎょしょう》、酒粕、ふすまや糠を醱酵させた漬け床について詳しく触れ、アワビ、ナス、ショウガ、魚、トウガンの漬け物の例を挙げている。数世紀を経るうちに漬け物作りの工程は洗練されて広がりを見せ、少なくとも8つの手法を基本に、無数の手法が誕生した。漬け物作りの方法が多様で、その結果数千もの漬け物が生まれたことから、漬け物の世界を牽引《けんいん》しているのは日本だと言っていいだろう。

塩漬けは、ぱりぱりとした食感が人気の白菜漬けと、薄切りにしたカブに昆布とトウガラシを加える京都ならではの千枚漬けに使われる手法だ。ラッキョウ漬けやガリ作りにはみりんが使われる。ガリとは、鮨《すし》に添えられるショウガの甘酢漬けだ。漬け物には、ふたつの塩気のある調味料も使われる。ひとつは味噌だ。この醱酵させた大豆のペーストに酒を合わせ

京都の錦市場の漬け物店。京都は漬け物の種類が豊富なことで有名で、その多くが京都で生み出された。

ると、野菜や魚、肉の漬け物が味噌独特の風味と塩気をまとう。もうひとつの塩辛い調味料、醤油に、アルコール分を含む甘い調味料、みりんを合わせると、さまざまな野菜の漬け物ができる。色は淡褐色から焦げ茶色まで、味は塩気の強いものから甘いものまで、その種類は幅広い。薄切りのキュウリやほかの野菜を醤油に漬けた福神漬けは、日本ではカレーに添えられることが一般的だ。日本酒造りで出るおり、つまり酒粕に塩、砂糖、みりん、または焼酎を加え、おもにダイコン、ウリ、キュウリ、ナスといった野菜を漬け込めば、粕漬けができる。漬け込む時間が長ければ長いほどうまみが増すようだ。数

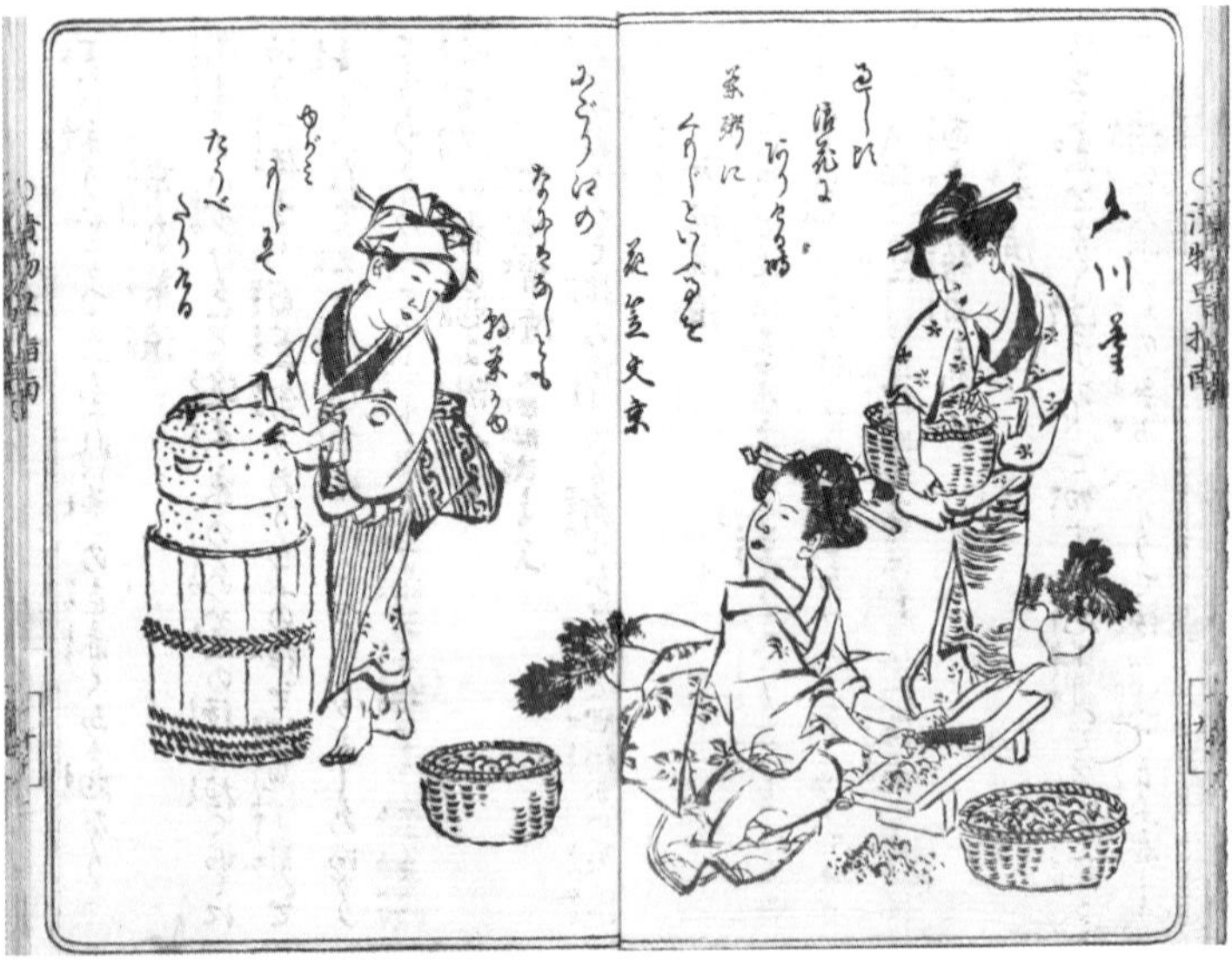

漬け物作りの一場面。19世紀の日本の料理本『四季漬物塩嘉言』（1836年）より。

年たつと、野菜は深い茶色に変わり、甘い香りとアルコールの刺激が感じられるようになる。

　米も漬け物作りに活用される。塩をふった魚を醱酵させるのに使われるのが米飯だ。糠漬けは、醱酵させた米糠に食材を漬ける人気の漬け物のひとつで、家庭でも作られる。子供時代に親しんだ味を思い出させるものとして「おふくろの味」と言われ、食べるとほっとする漬け物だ。香りづけした塩気のある糠床にキュウリやニンジン、ダイコンを数日漬け込むと、塩味と強い風味が移って歯ごたえも良くなる。家庭向きではないが、沿岸地方の町で一般的なのが、イワシやサンマ、サバ、フグといった魚の糠漬けだ。日本では、昔の中国の手法を継承しつつ、培養したニホンコウジカビ（学名 *Aspergillus oryzae*）に塩や味噌、醤油を加えて漬け物に使う。こうした基本的な手法から無数のバリエーションが生まれ、風味づけに昆布や魚介類が加えられることも多い。塩をまったく使わない漬け物もある。内陸部の長野県で作られるすんき漬けがその例で、赤カブの葉をズミ［バラ科の樹木の実やヤマブドウをつぶしたもの］野生のリンゴやナシの果汁に漬けて醱酵させる。

日本に渡った初期の旅行者は、漬け物の種類の多さに圧倒された。１８５８年、江戸幕府と日英修好通商条約を結ぶために来日したエルギン伯爵の記録が残っている。

もったいなくも、われわれのために日本式の食事が用意されていた。われわれが到着したとき、ダイニングルームの床一面にごちそうが並んでいた。（中略）料理のひと品ひと品に誰もが新しい発見をしていると、料理の説明がされた。そこで勧めにしたがって、全員が右手の赤いアルコール入りのカップに手を伸ばしたり、別の勧めどおりに左手のナメクジの漬け物のようなものに無謀にも手を伸ばしたりした。（中略）私も好奇心が警戒心に打ち勝ち、あらゆる漬け物や薬味を試食した。どの肉も野菜もすばらしく美味で、あらゆる色、硬さ、香りがそろっている。今後日本を訪れる人に、この体験をしない手はないと教えるつもりだ。(5)

セロリの浅漬け。浅漬けとは「短時間漬けた漬け物」を意味する。薄切りにした野菜を塩もみしたり、酢や味噌、糠床に30分から数時間漬けたりする。

10世紀に入ると、仏教の僧侶の教えによって、漬け物は日本の食事になくてはならないものになった。僧侶たちは、1日2食の野菜だけの食事を中心に、質素な生活を送ることを推奨した。そこで米飯に味噌汁、魚か野菜の小鉢、それにすでに日本の食卓には欠かせなくなっていた漬け物が、人々の標準的な食事として定着する。現在と同じように、もっとも簡素な一汁一菜という食事では、汁物、米飯、漬け物が供された。これをさらに削ぎ落とした食事がお茶漬けだ。茶碗の飯に緑茶をかけ、漬け物を添える。晩酌の最後に食べる人も多いようだ。このように日本では伝統的に、漬け物は米飯のおかずとして食されてきた。

僧侶と漬け物の関係はさらに深まる。日本の漬け物の代表格と言えば、沢庵《たくあん》漬けだ。秋にダイコンを日干しにし、塩と米糠に2～3カ月間漬け込んで作るこの漬け物を考案したのが、17世紀初頭の禅宗の僧侶、沢庵宗彭《たくあんそうほう》だと言われているのだ。住職を務めた東京の東海寺に、大きな石が目を引く和尚の墓がある。その石は、漬け物樽の重しに使われる石の形によく似ている。ほとんどの漬け物の起源は、沢庵よりも古い。琵琶湖に近い栗東市には、8世紀に住人によって建立された神社［三輪神社］がある。祭壇に供えられるのは、大きな塩漬けのドジョウだ。これはなれ鮨と呼ばれ、多くの漬け物と同じように食品保存の手段として生み出された。人身御供の代わりにいつしか供えられるようになったらしい。なれ鮨は、塩をふった生魚と米飯を幾層にも重ね、酢と酒を注ぎ、重しをして最長1年間醗酵させて作る。祝い事の席で出されることが多く、米飯は取り除いて、長期醗酵で鼻を刺す匂いを放つ魚だけを食す。

なれ鮨は、琵琶湖周辺でさまざまな淡水魚を使って作られている。世界的には、生魚や野菜、タマゴを酢飯に載せたひと口サイズの握り鮨が有名だが、誕生はなれ鮨のほうが早い。15世紀に、それまで数カ月かかっていたなれ鮨の醗酵期間を1～2週間に短縮する方法が発見された。それにより醗酵に使う米飯も魚とともに食べられるようになり、なれ鮨は軽食と

日本の食卓に欠かせない漬け物、梅干し。梅を塩で漬け、さらに梅自体の酢に漬けてから日干しにする。

して人気が高まった。江戸時代になると、さまざまな具材を酢飯に載せた握り鮨を店が提供するようになった。18世紀末には、元祖の醱酵させた魚に生魚が取って代わり、鮨は保存食からファストフードに変化していた。現在は、元の米飯と漬け魚の名残は、酢飯の酸味に留まるのみだ。

日本人にとって何よりも特別な漬け物が、梅干しだ。日本の梅の果実（学名 Prunus mume）の漬け物で、文献には10世紀に初めて登場する。塩気と酸味が非常に強く、薬効があるとされ、とても人気が高い。梅干しには、食品の腐敗を防ぎ食中毒から身体を守る働きがあると信じられている。昔は、梅干しを食べると伝染病にかからないと言われていた。また、喉の渇きをいやし、塩

日本では、毒のあるフグの卵巣の塩漬けを米糠と麹に漬け込み、定期的に魚醤を注いで湿らせる。3年後に完成したときには、命にかかわる毒が抜けている。

分補給に効果があると考えられ、16世紀以降は軍用食に採用された。兵士が弁当箱を開けると、まるで日本の国旗の日の丸のように、白飯の真ん中に梅干しが鎮座していた。梅は日干し、塩ふり、漬け込みという複雑な工程を経て、完全に熟成するまで最長で4年かかる。その防腐作用は、梅干し自体が長持ちすることと関係があるかもしれない。梅干しは、食べられる状態で数百年でも持つという。現存する最古の梅干しは16世紀末に漬けられたものだ。

日本の漬け物の技術は、まるで錬金術のように、日本でしか見られない漬け物を生み出した。そのひとつが、フグの子糠漬け――猛毒のフグの卵巣の漬け物だ。大きな卵巣には大人20人を殺せるだけの毒があると言われている。さらに、フグ毒は別個の袋に包まれているわけではなく、卵巣全体に存在する。この独特な漬け物は、19世紀末に中部地方で誕生した。毒のないフグの身の漬け物はそれ以前から珍味として存在したが、ときに1キロを超える大きな灰色の卵巣には、黄色に輝く小さな卵がぎっしりと詰まり、いかにも美味に見えた。しかし、たったひとつ越えなければならないハードルがあった。フグの卵巣をそのまま食べると、身体が麻痺し、呼吸が止まって死に至るのだ。卵巣を漬け込むと毒が抜けることがどのように発見されたのか、詳細な記録はない。おそらく、そこに行き着くまでに多くの犠牲者が出たことだろう。それほどの危険を冒してまでフグの卵巣を食べようとしたのは、日本人が持つ「もったいない」精神が理由かもしれない。どのような食べ物であれ、無駄にしたり捨てたりすることを良しとしないこの姿勢は、相手が猛毒の内臓でも例外ではないのだろう。卵巣を役立てることで良心の呵責《かしゃく》が軽減され、食材としての価値も高まる。そして食べる人は、食材に払われる敬意を味わうのだ。

フグの卵巣の漬け物の工程はとても長い。まず1年~1年半のあいだ、卵巣を濃い塩水に漬け込み、その後さらに2年間、米糠と魚醤［石川県で作られるいしる］に漬け込む。そこから1カ月間、酒粕に漬ける方法もある。漬け込みによって猛毒のテトロドトキシンが無害になる理由については、まだ充分に解明されていない。ひとつの可能性として、塩水が毒素をいくらか引き出し、乳酸菌が残りを分解して中和するとの説がある。フグの子糠漬けの製造者は、伝統的な手法をかたくなに守っている。

フグの卵巣の漬け物を勇敢にも試食したいと思うなら、手をかけずに食べるのがもっとも美味だ。つまり米飯と緑茶で茶漬けにするとよい。東京農業大学名誉教授の小泉武夫はこう述べている。

味は酸味とうま味が強く、奥深みのある重厚なもので、これが猛毒を持った卵巣とはとても思えない風格を持っている。酒の肴にするのもいいが、金沢にいる知人に最も美味な食べ方として教えられたのは、お茶漬けである。熱いご飯を丼に七分目ほど盛り、その上にフグの卵巣の糠漬けをほぐしながら好みの量を薄くまく。そこにおろしわさびを落とし、さらに三葉《みつば》のみじん切りをパラパラと散らし、粉山椒《さんしょう》も少しまいて、その上から沸騰するほどの煎茶を注ぎ込み、ときめく胸を落ち着かせながら、やおらかっ込み始めるのである。(6)

第3章◉地中海　太古と現代

地中海沿岸では、過去の漬け物の伝統が現在も息づいている。その技は、アラブ、エジプト、ギリシア、ローマの大いなる文明によって改良され、広められた。地中海地方でももっとも普及しているオリーブの漬け物を見れば、その事情がわかる。太古の文書に書かれたオリーブの塩水処理方法は、現在も広く実践されている。

◉北アフリカ

シェイクスピアの『アントニーとクレオパトラ』（1606～1607年頃）には、エジプト最後の女王クレオパトラが辛辣《しんらつ》なせりふを言い放つ場面がある。「おまえのような者は針金で鞭打ち、塩水に漬けて、ひりひりとじっくり漬け物にしてやろう」。クレオパトラの

記録によると、古代エジプトではアンフォラと呼ばれる壺でガチョウを塩水に漬け込んだ。
エジプト、テーベのナクト墳墓の壁画。紀元前1400〜紀元前1390年頃。

美貌は漬け物のおかげだという伝説が誕生したのは、この忘れがたいせりふが原因だったのかもしれない。

しかし、古代エジプトでどのような食べ物を塩水や酢で保存したかを示す資料はほとんど残っていない。ギリシアの歴史家ヘロドトスによると、古代バビロニアやエジプトでは、鳥や魚を「塩辛い海水」を利用して漬け込んだらしい。平鍋で海水を沸かして蒸発させ、濃い塩水を作っていたということだろう。テーベのナクト墳墓の壁画には、ガチョウかアヒルらしき鳥が羽根をむしられ、内臓を取り除かれてからアンフォラという壺に漬け込まれるようすが描かれている。似たような情景は別の墳墓の

色とりどりのトールシ。北アフリカでもっとも人気のあるカブの漬け物は、ビーツで濃いピンク色に染められる。

壁画にも見られる。王家の建築家カーの墓では、塩漬け保存の鳥の入ったアンフォラがみつかった。塩漬けの鳥は、調理せずにそのまま食べたようだ。歴史家ヘロドトスは著書『歴史』（第2巻77章）で「彼らはウズラにアヒル、それに小鳥を、最初に塩漬けにしただけで、生で食べる」と語っている。ギリシアのパピルスに記された食品在庫目録やエジプトの資料には、さまざまな漬け物が登場し、たいていは「塩漬けの魚」と翻訳される。こうした食事の楽しさ、あるいは不快さは、多くの作家によって記録されていた。たとえばギリシアの風刺作家サモサタのルキアノスは「イシスの名の下に、われら

塩漬けレモンは北アフリカでは一般的で、とくにモロッコを代表する漬け物だ。

にエジプトの美味なる塩漬けの魚を与えたまえ」（「船または願い事」15章〔『ルキアノス選集』内田次信訳、国文社に収録〕）と記した。

古代イスラエルの民がエジプトを追われたのち、おおいに恋しがったと言われるエジプトの「キュウリ」が塩漬けだったのかどうか、いまとなっては知る術がない。だが、その後の時代に、トールシという塩漬け野菜がエジプトの食事に欠かせない料理になったことは確かだ。家庭で作られるほか、小さな工場では巨大な陶器の壺や木製の樽を使って野菜を醱酵させる。食材はニンジン、キュウリ、カリフラワー、タマネギ、トウガラシやピーマン、グリーン・オリーブ、ブラック・オリーブ等で、なかでももっとも人気のカブは、白い実がビーツで深いピンク色に染められる。こうした漬け物は前菜としてほぼ毎回食事に出される。

マグレブとも呼ばれるアフリカ北西部の国々でも同じ方法でトールシが作られる。それらは同じ歴史を共有している──7世紀に北アフリカからスペインにかけて征服したアラブ人が、代々受け継がれた食文化やペルシアの漬け物技術を現地にもたらしたのだ。当時の料理本には、オリーブやケッパー、レモン、ライム、ナス、魚等、さまざまな食品を大きな容器に漬け込んで保存する方法が紹介されている。なかでもこの地域特有の保存食が、塩レモンだ。モロッコの市場では、香りのいいドク・レモンと酸味の強いブセラ・レモンを一緒に塩漬けにして、大きな樽で売っている。樽の中で塩とレモン果汁が混じり合って漬け汁ができ、醱酵が進むのだ。その特徴的な香りとやわらかさで北アフリカの料理に独特な味わいをもたらす塩レモンは、モロッコ料理に欠かせない漬け物である。

◉南ヨーロッパ

古代ギリシア人とローマ人が漬け物に夢中だったことは疑いようがない。学者や医者、詩人、料理人、そして美食家が残した文章は、ギリシア・ローマ世界の漬け物の作り方と楽しみ方を生き生きと描写している。ありとあらゆる食品が、塩水や酢に漬け込まれたようだ。粥に似たプルスの食事に飽きた舌に、漬け物はうれしい刺激だっただろう。西暦1世紀のローマの著作家コルメラは、仲間にこう助言している。

安い漬け物を探しているのなら、いまこそ試そう
植えるべきはケッパーとざらざらしたオオグルマ［キク科の植物］
生い茂るフェンネル、地面を這うミントの根
そして香り立つディルの花も咲き誇る
女神パラスのベリー（オリーブ）の味がするヘンルーダ［ミカン科の樹木］も伸び盛り
マスタードを刺激すると誰でも涙が出てしまう
さあ、ムラサキハナウド［セリ科の植物］の根も黒く色づき
涙の出るタマネギも食べ頃だ。[1]

このコルメラの植えつけリストにはさらに、カブ、ルタバガことスウェーデンカブ、カルドン［キク科の植物］、キャベツ、チコリ、レタス、セリ科のクリスムム、アスパラガス、ナギイカダ［スズラン亜科の樹木］、イヌハッカ、セイヨウワサビ、パセリ、タイム、セイボリ

このローマ時代のモザイク画では、2羽のツグミがバスケットに山積みになったオリーブをついばんでいる。漬け物用に特別なオリーブの品種が栽培され、重宝された。

ー［シソ科キダチハッカ属の植物の総称］、マジョラム［シソ科の植物］、ブドウの葉と新芽、プラム、オウシュウナナカマド、コーネルベリー［ミズキ科の樹木の果実］、ナッツ類を加えることができる。当時の漬け物店にはさぞ種類豊富な漬け物が並んでいたことだろう。コルメラの専門書『農事論 *De re rustica*』の第12巻3章には、多くの保存食や漬け物の作り方が紹介されている。たいていは濃い塩水1に対して酢を2の割合で使ったようだ。コルメラはこうも述べている。「保存食を作るためには、酢と濃い塩水を使うことが非常に重要だと言われている」

濃い塩水を用意するために、コルメラは広口のアンフォラを日向に置き、雨水か泉の水を満たして籠一杯の塩をぶら下げた。籠を揺すって塩を溶かし、減った塩を時折追加していく。塩が溶けなくなれば、溶液が飽和状態になった証拠だ。新鮮なチーズひと切れや、小振りの干し魚あるいはニワトリの卵が水面に浮けば、充分な濃さの塩水とみなされた。この確認方法は現在も用いられている。酢は「香りの抜けたワイン」に、醱酵促進と風味づけのための酵母、乾燥イチジク、塩、ハチミツ、新鮮なミント、煎《い》った大麦、クルミといった材料を混ぜて作った。未醱酵のブドウ果汁はムストと呼ばれ、やはり人気の漬け汁だった。ブドウ果汁に酢や塩水を混ぜた調味液は、プラム、鮮紅色のセイヨウサンシュユ（学名 Cornus mas）の実、植物の根の漬け物や、オリーブの醱酵に使われた。

　アーティチョークの一種、カルドンは、下処理をしてから酢とハチミツに漬け込まれた。ローマの政治家、大プリニウスも「夕食にアザミ（カルドン）が出ない日はない」と記している。[2] カブの漬け物も人気だった。コルメラはカブを酢とマスタードに漬けた。有名なローマの美食家アピキウスは、同国人の嗜好《しこう》である甘味と酸味の組み合わせを満足させようと、カブとマートルベリー［フトモモ科の樹木の果実］、酢、ハチミツの漬け物を考案した。別のカブのレシピでは、マスタードにハチミツ、酢、塩を混ぜている。これらはローマの富裕層が楽しむためのカブだった。アピキウスのカブの漬け物のレシピは、数世紀後にイングランド王リチャード2世の宮廷でチャツネの原形となって再登場する。

　ギリシアとローマで季節を問わず欠かせなかったのが、ガルム、またはリクアメンと呼ばれる魚醤だ。この塩辛いソースは魚を醱酵させて作る。10世紀のギリシアの農業手引き書『ゲ

オーポニカ *Geoponica*』には、その一般的な作り方が紹介されている。脂ののった小魚と、大きめの魚の内臓を細長く浅い飼い葉桶に入れ、塩をふり、地中海の陽射しと暑さのもと、魚自体から出る塩水で醗酵させる。3カ月後、鼻につんとくる匂いの液体を漉《こ》す。これがリクアメンだ。作り方を聞いただけでは食欲がわかないが、タイのナンプラーをはじめとする東南アジアの魚醬も同じ手法で作られるので、おそらく同じような味だったのだろう。ローマの人々はリクアメンの塩気のきいた複雑な味をおおいに好んだので、高品質のリクアメンは大評判で高値だった。プリニウスは、リクアメン以外でそれほどの価格に値する液体は、香水だけだと述べている。リクアメンは、料理に強い風味を与える調味料として使われた。詩人のマルティアリスは、生ガキの大皿について強い調子でこう述べた。「ようやく到着すると、カキがあった。(中略) この贅沢を前に、上等なガルムがほしくてたまらない(3)」。上等とはほど遠いことに、リクアメン作りで出る醗酵した魚の残りかすはアレックと呼ばれ、貧しい人々の食材として使われた。農場労働者の食事に加える理想的な「薬味」とみなされたのである。

アピキウスは、もっと食欲をそそる料理を紹介している。「揚げた魚の保存法」というタイトルで、作り方もわかりやすい。最初に魚を揚げて鍋から取り出し、熱い酢を魚の上からかければいいのだ。現在もイタリアで魚の酢漬けが作られているのは、保存がきくことよりむしろ味が良いことが理由だ。ベネチアのペシェ・イン・サオールがもっとも有名だが、その起源がローマなのかアラブなのか、スペインを経て来たのかそれともシチリア島経由だったのかはわかっていない。

ここでスペインのエスカベシュや、のちにアラブ人がもたらしたほかの漬け物の歴史を探ってみよう。地中海沿岸地方では、ほかにも魚の保存方法があった。ギリシアの資料には、タイセイヨウサバとマグロを壺で塩漬けにしたり、ホタテやマルスダレガイの塩漬けを作ったりしたとの描写がある。塩漬けのタコを意味するタポシ・トールシは、現代のギリシアの典型的な前菜で、幅広く作られている。それほど浸透しているのは、タコの処理方法と漬物用の酢の品質によるところが大きい。バルカン半島の国々と同じく、ギリシアの厨房は漬け物の種類の豊富さが自慢だ。それはギリシアの影響を受けたローマやビザンティン帝国、オスマントルコの料理の遺産である。トールシこと漬け物は、マケドニア北東部やかつてのトラキア地域では重要な保存食で、各家庭にトウガラシやピーマンを漬けた容器や、醱酵したキャベツの壺がある。トラキアはグリーントマトの漬け物が、ギリシアのナウサは塩漬けのブドウが有名だ。ギリシアはまた、世界で名高いチーズの漬け物、フェタも誇る。やわらかく塩気が強い美味なチーズが初めて言及されるのは、ビザンティン時代の文献だ。15世紀末にクレタ島を訪れたイタリアの巡礼者ピエトロ・カソラの記録を紹介しよう。

彼らは数々のすばらしいチーズを生産する。ひどく塩辛いのは非常に残念だが、チーズでいっぱいの大きな貯蔵庫をいくつも見た。中では、60センチの深さの塩水、すなわちサルモリアに大きなチーズがたゆたっていた。責任者の話によると、そのチーズはこうする以外に保存方法がなく、栄養価がとても高いらしい。

ローマ人は、ブドウ果汁に食品を漬け込みハチミツとマスタードで風味づけした。その手法がイタリアでもっとも有名な漬け物、モスタルダ・ディ・フルッタの土台になった。甘いがぴりっとした辛味もあるこの漬け物は、果物をマスタード風味の砂糖シロップに漬けて作る。モスタルダ（mostarda）という言葉は、英語のマスタード（mustard）やフランス語のムータルド（moutarde）と似ているが、ブドウ果汁を意味するラテン語のムストゥム（mustum）が語源だ。ブドウ果汁は初期の漬け物でよく使われ、保存食の基礎を築いた（マスタードはラテン語でシナピス、イタリア語ではセナペという）。13世紀末〜14世紀初頭に書かれたイタリア最古の料理本『料理の本 *Liber de coquina*』にモスタルダの作り方が紹介されている。「新鮮なムストを用意し、4分の1か3分の1量になるまで煮詰め、砕いた固いマスタードシードと合わせる」。『料理の本』には、現在のモスタルダ・ディ・フルッタの前身

イタリアでもっとも有名な漬け物、モスタルダ・ディ・クレモナは、果物がまるで宝石のようだ。果物をブドウ果汁に漬け込んだローマ人の遺産である。

であるデ・コンポシト・ランバルディコのレシピも掲載されている。湯むきして細かくきざんだ果物と数種類の野菜を容器に順に入れ、サフラン、アニス、フェンネルで香りをつけたモスタルダを注ぎ、さらに酢と、甘味として砂糖かハチミツを加えるとできあがりだ。

イタリアでは、さまざまなタイプのモスタルダ・ディ・フルッタが作られる。もっとも有名なのは、数種類の果物を砂糖漬けにしたモスタルダ・ディ・クレモナだ。つややかで美しい色合いが人気の理由だろう。チェコ出身の作家エディス・テンプルトンは、『驚異のクレモナ *The Surprise of Cremona*』

（1954年）のなかで、その宝石のような果物の料理を洗練《ラフィネ》されたひと品と呼んだ。

骨董品の珊瑚《さんご》のような、不揃いの丸いサクランボがいくつも、クルミ大の青いヨウナシがひとつ、オニキスのように黒く輝く果物の種、ローズクォーツを思わせる大きなヨウナシ、ひびの入ったエメラルドと見まがう青いイチジク、曲線を描くカボチャの薄切りは赤茶色で緑玉髄《りょくぎょくずい》のように縞が走り、そして半分に切ったアプリコットはトパーズから切り出したよう。あまりに華麗で、食べるのが惜しい。

モスタルダ・ディ・フルッタは伝統的にクリスマスの豪華な料理のつけ合わせとして供される。刺激のある味わいが、ボッリート・ミスト（ゆでた肉）の口直しにぴったりだ。近年は甘い果物の漬け物をチーズといっしょに食すのが人気だ。

ヨーロッパ南部には、オリーブの漬け物の長い伝統がある。オリーブは紀元前600年のジリオ島の遺跡でも、火山灰に埋没したポンペイの商店でも発見されている。現在オリーブはその地域でもっとも広く親しまれている漬け物で、トルコからスペインへ伸びる広大な弓形の土地で栽培、保存処理されている。オリーブの実はどれも最初は緑色だが熟すにつれて黒くなる。グレコローマン時代［ギリシアからローマへの過渡期。紀元前140年頃～

300年頃」には、オリーブの漬け物専用の品種が熟す前に収穫された。ローマの政治家、大カトーは著書『農業論 *De Agri Cultura*』でオルキテやポセアというオリーブは「青いうちに塩水で保存するとすばらしく美味だ」と記している。大カトーは、現在もよく見られる酢とオイルに漬け込む作り方を紹介している。

グリーン・オリーブの保存方法。黒くなる前に実を割って水に漬ける。水はひんぱんにとりかえる。充分に浸したら水から出し、酢に漬けてオイルを加える。8・8リットルのオリーブにつき、230グラムの塩を使う。フェンネルまたはウルシ科のマスティックを酢に加えてもよいが、混ぜる場合は早めに入れる。保存容器に詰め、取り出す際は乾いた手で扱う。

味つけ前のオリーブを繰り返し漬け込む水には、海水や塩水を使うことも多かった。この作業は、非常に苦いオレウロペインという化合物をオリーブから取り除くために欠かせなかった。オレウロペインを含む生のオリーブは食用に適さず、醗酵に必要な乳酸菌にとっても毒なのだ。オリーブの果肉を割ったり裂いたりするのは、この渋抜きの工程を早めるためだが、現在はさらに時間を短縮するためにオリーブをアルカリ性の水酸化ナトリウム溶液に漬

トウガラシを詰めたグリーン・オリーブ。種をくりぬいて詰め物をするスタッフド・オリーブは、19世紀にフランス人が考案した。

け込んでいる。ローマ人は木の灰を水に加えて同じ効果を得た。これは現在も使われている方法だ。熟した黒いオリーブは苦味の元のグルコシドが少ないので、直接塩をふって乾燥させる。

2世紀のギリシアの医学者ガレノスは、オリーブは健康維持に役立つと考えた。著書『食物の諸力について *De alimentorum facultatibus*』では、塩漬けのオリーブを食事の前に魚のソースとともに食べると通じがよくなり、ストマチョス（胃の入口）が強くなり、食欲が増進すると述べ、酢漬けのオリーブの方がより効果があるとしている。人間の四体液説［人間には血液、粘液、黄胆汁、黒胆汁の体液があり、そのバランスによって健康が維持されるとする説」と食事の理論を説いたギリシアの手引き書『栄養 *De alimentis*』にも同じことが書かれている。「コリンベイズという青いオリーブの保存食は美味で、その渋味のおかげで食欲が増す。酢漬けのオリーブはいっそう食用に適している」

オリーブはそのまま皿に盛る以外に、別の食材を添えることもあった。大カトーは、オリーブ全体を酢漬けのフェンネルやマスティックで飾った。彼はまた、別の素朴な前菜も紹介している。オリーブをきざみ、オイル、酢、コリアンダー、クミン、フェンネル、ヘンルーダ、ミントとあえて、オイルをさらにたっぷりかければ完成だ。コルメラは塩漬けオリーブで同じレシピを提供している。彼が言うには、「より豪華な食事」にふさわしいそうだ。

しかしながら大半の人は、細かくきざんだチャイブとヘンルーダに若いパセリとミントを混ぜて、つぶしたオリーブとあえる。それからコショウをきかせた酢を少量と、ハチミツかミード酒をごくわずかだけ加え、グリーン・オリーブオイルをふりかけ、緑のパセリの房で覆う。

2000年以上前に大カトーやコルメラが紹介したオリーブの漬け物の作り方は、現在も受け継がれている。まず、食用にするために、塩水で繰り返し洗って渋抜きをする。アルカリ溶液や灰を使う場合もある。その後塩水に漬けて醱酵させ、最後にハーブやレモン、オレンジ、ニンニク、酢等の香料を加えた真新しい塩水に移す。この香料によって、オリーブの風味や個性が決まる。オリーブの状態や求める仕上がりによって、収穫してからテーブルに載るまで最短で10日間、長ければ数カ月かかる。しかし、商業用の大量生産向けに修正された部分もある。ローマ人とアラブ人の支配を経験したスペインは、世界最大の醱酵食用オリーブの輸出国だ。15種類以上の食用オリーブが栽培され、なかでもマンサニージャ、オヒブランカ、ゴルダルの3品種がもっとも多い。

種を抜いて詰め物をしたスタッフド・オリーブは、フランス人のおかげで誕生した。18世紀初頭までに、エクサン・プロヴァンスの生産者がオリーブの種を取り除き、そこに風味の強い食べ物を詰めていたことがわかっている。たとえば、ケッパーの塩漬け、アンチョビー、ツナ、それにピーマンだ。それから100年以上たってから、アメリカでオリーブ・ピッターと呼ばれる種取り器が発明される。1933年、完璧に種を取り除いたグリーン・オリーブをマティーニに添えたい一心で、カリフォルニアの機械工ハーバート・カグリーが考案したのがオリーブ・ピッターだった。カリフォルニアで加熱殺菌されたオリーブの缶詰も発明されたときは、食の世界では賞賛よりも嘆きの声が大きかった。

みじん切りの、あるいはつぶしたオリーブ、ケッパー、アンチョビー、オリーブオイルで

地中海沿岸の低木、ケッパーのつぼみも漬け物にされる。ウィリアム・カーティスによる植物画。『カーティス・ボタニカル・マガジン』誌（1795年）より。

作るプロヴァンス地方のタプナードという薬味は、先に述べた初期のオリーブのつけ合わせの現代版である。タプナードは、プロヴァンス語でケッパーの塩漬けを意味するタプノにちなんで名づけられた。この薬味の特徴である塩気とほのかな苦味はケッパーから生まれる。ケッパーは、地中海沿岸に自生する棘のある低木（学名 Capparis spinosa）のつぼみだ。つぼみが開く前に摘み取って酢漬けにするのが一般的である。つぼみはつぎつぎとできるので、毎日摘まれなければならない。ケッパーが比較的高額なのはそのためだ。プロヴァンス地方のロックヴェールは「ケッパーの中心地」として名高く、ケッパーの漬け物をつぼみの大きさ別に格づけして販売する。もっとも小さいケッパーがもっとも高価だ。小さいものは香りがきわめて強く、ノン・パレイユと呼ばれる。大きくなるにつれて格づけも下がり、それぞれサーファン、キャピサン、フィン、キャポートと呼ばれる。熟した緑のケッパーの実はオリーブほどの大きさになり、ケッパーベリーという名で漬け物にされ、スペインやギリシアで評判が良い。

◉トルコとバルカン半島

オスマン帝国（1299～1922年）は、ヨーロッパ南東部とアナトリア地方を数世紀にわたり支配した。トルコ人は征服した地方の食材や調理法を取り入れた。とくにアラブ風の料理とトールシと呼ばれる漬け物は、イスタンブールを中心とする庶民の食事と宮廷生活の両方で重要な役割を果たした。君主《スルタン》の宮殿には、ヘルヴァハーネという菓子作り専用の厨房があり、総勢800人あまりのスタッフでヘルヴァと呼ばれる菓子、シャーベット、漬け物を作った。食事の際はいくつもの漬け物が出されたようで、厨房の記録ではかなりの量が消費されたことがうかがえる。たとえば1620年には、1万1000個以上のキャベツが漬け物用に購入されている。料理人はキャベツのほかに、カブ、アーティチョーク、ナス、キュウリ、ウリ、レモンやダイダイ［ミカン科の果実］、ザクロをはじめとする種々の果物を、ブルサ地方の最高品質のイエロービネガーに漬けた。宮殿は、ブルサのミントの漬け物やゲリボル地方のブドウの漬け物といった特産品も入手した。なかでももっとも有名なのがオスマンシックのケッパーをマンドレーク［ナス科の植物。根に強い毒性をもつ］で香りづけした漬け物だった。

　バグダッドで料理本を書いた13世紀の著述家アル＝バグダディは、まさか私的なレシピ集が200年以上もたってからオスマン帝国の料理に影響を与えることになろうとは、夢にも思わなかっただろう。それはともかく、のちに詳述する彼の『料理の本 *Kitab al-Tabikh*』は、トルコの人々お気に入りのアラブ料理の本だった。オリジナルの手稿は現在もイスタンブールのトプカプ宮殿に所蔵されているが、数世紀にわたって繰り返し書き写されるあいだに、書き加えられた部分もある。その厖大《ぼうだい》な資料の中心を成すのは、「一般的な食べ物の解説」という見出しが付いた400種類以上のレシピだ。アル＝バグダディの漬け物には、ブドウ、プラム、バラの花びら、ニンジン、ササゲ、タマゴ、小鳥まであった。彼は小鳥の漬け物は「非常に美味だ」と請け合っている。まず6羽の「まるまると太った鳥」を用意し、胸から切り開いて内臓を取り除く。身の外側と内側に塩とマスティック［ウルシ科の樹木の樹液］、桂皮《けいひ》［クスノキ科ニッケイ属の樹木から作る生薬。香辛料としてはシナモン］をまぶし、保存容

トルコの漬け物店では、客が好みの漬け物を選んで混ぜることができる。もっとも人気が高いのは、キュウリ、キャベツ、ニンジン、トウガラシのトールシだ。

器に詰めて塩水少量と「大量の塩」を入れる。そして最後の手順が重要で、そのまま放置し「熟成してから食す」とのことだ。鳥よりもタマゴの漬け物のほうが気楽に作れるかもしれない。「ゆでタマゴのからをむき、顆粒《かりゅう》の塩と桂皮、ドライコリアンダーをまぶす。ガラス瓶に入れてワインビネガーを注いで密封」すれば完成だ。[4]

18世紀半ばには、新世界の野菜がオスマン帝国の食事に欠かせなくなり、ピーマンや赤トウガラシがトールシの材料として大好評になっていた。詰め物をしたトウガラシの甘酢漬けや、「ピーマンの漬け物」、「ゆでた赤トウガラシの漬け物」のレシピも登場した。トウガラシと大量のミントとパセリのみじん切りを容器に入れ、酢の調味液に漬ける。調味液は塩水と酢を混ぜたものだ。低濃度の酢が醱酵を促し、食材に酸味が加わる。トルコでは現在も同じ方法でさまざまな果物や野菜が漬け物にされている。ハーブを惜しみなく使うことがオスマン帝国時代の漬け物の特徴だったが、現在はほとんど使われていない。

オスマン帝国はヒポクラテスやガレノスの教えに基づき、人間の四体液説と食品の関係を重視した。ピクルス、とくにケッパーやタマネギ、ニンニク、ダイコンの酢漬けやビーツのマスタード漬けは、消化を助ける「穏やかな栄養素」とされた。これらの漬け物は、栄養価が低く消化に悪い食べ物の影響を帳消しにするため、積極的に取ることが推奨された。消化に悪い食品は数多く、なかでもキジ等の狩猟鳥、大半の赤肉、甲殻類、タコ、イカ、タマゴ、豆類がそれに当たる。

こうした理由で、漬け物は毎日の食事の重要なひと皿と考えられた。食事をする人が好みの漬け物を取り分けられるように、漬け物の鉢には丸い浅皿が添えられた。ヘルヴァが供されるパーティでは、漬け物も出されるのが一般的だった。砂糖とバターをたっぷり使った甘いヘルヴァの口直しに、漬け物の酸味がぴったりだったのだろう。なかでももっとも人気だったのは、キャベツの漬け物だ。スルタンのセリム3世（在位1789～1807年）は、ウィットに富んだ賛辞を残したほどだ。「なんという喜び、なんという幸せな出合い。キャベツの漬け物なくして、理想のヘルヴァ・パーティはあり得ない」。ただし、調理本では注意も促していた。まさに過ぎたるは及ばざるがごとしで、漬け物を食べ過ぎると老化が進んだり、体力が衰えたりすると警告している。

食べ物にまつわる大昔の伝承は忘れられたとしても、漬け物を添える食習慣は現代のトルコでも続いている。人気の食べ物とピクルスを組み合わせるのも、根底にはその習慣があるのかもしれない。たとえばクル・ファスリエという豆のシチューにはピーマンやキャベツのトールシを、キュフテと呼ばれる焼いたミートボールにはキュウリの漬け物やトールシの盛り合わせの大皿を添える。黒海沿岸では、サヤインゲンやホワイトチェリーの漬け物をタマネギと炒め、タマゴと合わせる。キャベツの漬け物は、キュウリやニンジン、トウガラシの漬け物ともども、いまでもトルコで大人気だ。これ以外にも、ピーマン、ビーツ、カブ、ナス、ニンニクや、未熟な実を漬け込む多くの果物、たとえばメロン、アプリコット、グリーンゲージ（セイヨウスモモ）、ホワイトチェリー、セイヨウカリン、グリーンアーモンド、それに枝付きのブドウも人気が高い。

毎日の食事に添えるために、漬け物の専門店も存在する。イスタンブール等の街の路上では、漬け物はもちろんトールシ・スユと呼ばれる漬け汁が手押し車で売られ、おやつや清涼飲料水として購入されている。カブや黒ニンジンの漬け物の調味液はシャルガム・スユと呼

トルコでは、漬け汁の塩水をトールシ・スユと呼び、清涼飲料として楽しむ。これはさまざまな文化で見られる習慣だ。漬け物の調味液には健康に良い成分が含まれている。たとえばナトリウムやカリウムといった電解質が多いため、体内の水分量や血液の酸性度、神経インパルス、筋肉の働きを整えるために役立つ。

ばれ、ロンドンでもその瓶詰を買うことができる。

トゥラビ・エフェンディによるオスマン帝国初の外国語の料理本『トルコの料理集 *The Turkish Cookery Book, A Collection of Receipts*』（1865年）を見ると、漬け物の手法が文化を越えて受け入れられ、変化していることがよくわかる。エフェンディは、アル＝バグダディのナスの酢漬けのレシピに加えて、別の酢漬けのレシピも紹介している。そのうちひとつはキャベツ用、もうひとつはキュウリ用だが、野菜を漬け汁で醱酵させるという、一風変わった漬け方だ。これは古代中国で初めて発見された技術である。オスマン帝国が極東からその技術を手に入れたのか、それとも中東で独自に生み出したのかは定かではない。

ラハナ・トールシス（キャベツの漬け物）

中心部が白い大振りのキャベツ3〜4個の芯と外側の葉を取り除き、4つに切る。手頃な壺の底に酵母を少々入れてから、キャベツを並べる。みじん切りの赤トウガラシを半ダース分ふりかけ、全体が漬かるように塩水を注いで蓋をし、食品庫に置く。時折塩水を足して、5日間寝かせる。キャベツが酸っぱくなったら食べ頃である。

オスマン帝国は、漬け物の技術をバルカン半島やハンガリーへ伝えた。野菜の漬け物、とくにピーマンとキャベツは食事に欠かせない料理として残り、田舎の地方ではいまだに家庭で作られている。「漬け物」を意味する各国の単語を見ると、共通の祖先を持つことがわかるだろう。トルコではturşu、ギリシアではtoursi、ブルガリアではturshiya、アルバニアではturshi、そしてボスニア・ヘルツェゴビナ、クロアチア、セルビアではturšijaと言う。

第4章◉中東からラテンアメリカへ　アラブ人とコンキスタドール

この章では、3カ所の地域に触れる。8世紀におよぶ、3つの大陸の物語だ。驚くべきことに、時間と空間をつなぐのは1本の糸だ。中世のペルシアの宮廷料理から生まれたその糸がすべてを結び、共通の物語に織りあげる。土地と食文化の征服によって、中東の酢漬けが北アフリカ、シチリア、スペイン、ポルトガルへ渡り、そこから南北アメリカへと伝わったのだ。

◉メソポタミア

古代メソポタミアの住人は、漬け物を好んだ。世界最古の料理法のひとつが約4000

年前の石板にきざまれているが、その多くが漬け魚やイナゴの漬け物から作られたシックというソースを使っている。メソポタミアの人々はこの刺激の強い漬け汁を料理の味つけに使ったらしい。大麦やブドウから酢を作り、食事の際に多様な漬け物を出していた。都市国家マリのジムリ・リム王の壮麗な王宮では、お抱えの食事係が王のために漬け物や果物の砂糖漬けを作るという特別な役割を担った。当時に戻ることができたなら、食事係のメイドがカブ、スネークメロン、甘くないチェイトメロン、リーキ［西洋ネギ］、タマネギ、ダイコン、ヤシの芽の芯、サヤインゲン、ケッパー、オリーブを漬け込む光景が見られるだろう。現在のこの地域の料理人と同じように、係のメイドは野菜に塩をふったり塩水に浸したりしたのち、酢に漬け込んでいたようだ。この方法はペルシア、アラブ、オスマン帝国に取り入れられ、中東を越えて、酸味のきいた漬け物の長い伝統を確立した。1年の特定の季節になると、トノサマバッタやイナゴがガサガサうごめく葦《あし》の籠が王宮に届けられ、そこで虫たちは最期を迎えた。生きたまま陶器の壺に入れられ、塩水に漬け込まれて溺死したのだ。できたてのイナゴの漬け物は、後世の文献でもわかるとおり、美味な軽食ともてはやされた。

マリのジムリ・リム王の治世から2000年近くのちの西暦200年頃に完成したユダヤ教の書物『ミシュナー』も、やはり漬け物の尽きない魅力を語っている。さまざまな食べ物の漬け方や作り時に関する解説もあり、カブやケッパー、オリーブ、リーキ、イナゴといった食材が紹介されるなか、もっとも人気が高かったのは白い実と歯ごたえが魅力のカブだった。ヘブライ語ではカブを意味するleferから甘酢漬けを意味するleaftanという単語が生まれ、それがカブや野菜の漬け物全般を指すようになった。漬け物は、宗教儀式に欠かせない要素になっていった。ユダヤの律法と伝承を編集した書物『タルムード』にはこう綴《つづ》られている。「（神の祝福の言葉を復唱し）正餐《せいさん》式でパンをちぎる者は、塩漬けか甘酢漬けが目の前のテーブルに置かれる前にそうしてはならない」

◉ペルシア人とアラブ人　イランとイラク

漬け物をめぐる壮大な物語の中心地は、中世の世界でもっとも豊かで影響力が大きい都市、バグダッドだった。7世紀、ササン朝ペルシアを征服したアラブ人は、ペルシア王宮の洗練された料理法をすぐさま取り入れ、自らの質素な食事を向上させた。この豪華で複雑な食文化では、醱酵食品や酢、レモン、ブドウ果汁の強い酸味が好まれた。つまり漬け物によって充分に満たされる嗜好だったのだ。8世紀にアッバース朝の首都に制定されたバグダッドで、漬け物はすっかり定着した。塩漬けや甘酢漬け、そして酸味と塩味のきいた薬味やディップソースはカーマフと呼ばれ、日々の食事に欠かせないひと皿だった。前菜としてパンに添え

エルサレムのマハネ・イェフダ市場に並ぶ漬け物専門店の多種多様なオリーブ。

られたほか、食欲を増し消化吸収を良くするために食事中も随時食された。アッバース朝の王子イブヌル・ムータッズは、感動のあまりそのすばらしさを褒め讃える詩を残している。


枝編みの籠と、列をなす山盛りの皿を楽しもう。

赤や黄色が目にも鮮やかな碗《わん》が、美しく整列している。

タラゴンのカーマフ（薬味）にはその花が添えられ、赤いカーマフとケッパーも並ぶ。

その色合いは強い日光のたまもの、彼らが手を借りた太陽の光で燦然《さんぜん》と輝く。（中略）

ニンニクのカーマフに目をやると、その香りに食べよと命じられる。

オリーブは夜のごとく黒く、マムクール（酢漬けの肉）の隣で光を放つ。

タマネギは、驚くべきことに、銀で作られ炎で満たされているかのようだ。

完璧なまでに丸いカブにはほのかな酸味、惜しみない雨の贈り物だ。

白いカブと赤いカブは、銀色のディルハム（コイン）にディナール（金貨）が重なっているかのよう。

テーブルのすみずみで星が輝き、夜明けのまばゆい光のようだ。(1)


こうした前菜や漬け物の作り方は、2冊の注目すべき料理本に掲載されている。イブン・

サッヤール・アル＝ワッラクの『料理の本 *Kitab al-Tabikh*』には、8～10世紀にかけての「王とカリフ、貴族と指導者」のための料理が記録されている。その後13世紀の著述家アル＝バグダディは、同じく『料理の本』のタイトルで自分の個人的な好みを後世に残した。アル＝ワッラクの著書には、エビの漬け物の薬味が紹介されている。材料は、エビ、リンゴ、媚薬代わりの甘いワイン、マクラと呼ばれるチャツネ（カブ、マルメロ、レバント地方のリンゴと柑橘類をきざんで作る）、それにパン生地の「スターター」を加えて酸味をつけ、醱酵を促進させる――この手法は現在もイラク北部でカブを漬ける際に使われる。

つぎに、ケッパーとオリーブ、それにイナゴの漬け物の作り方を紹介しよう。

シーナート・アル＝ジャラード（イナゴの塩漬け）

つかまえたばかりのイナゴを使う。死んだイナゴは捨て、生きているものを塩水に漬けてすべて窒息させる（漬け汁は漉して取っておく）。

コリアンダーシード、フェンネルシード、阿魏《あぎ》（ニンニクに類する）の葉を必要なだけ挽いて粉にする。

大きめの広口瓶に水気を切ったイナゴを並べ、あらかじめ用意しておいたスパイスミックスをふりかけて、そこに塩をたっぷり加える。これを順に繰り返し重ねていく。

最初に漉したイナゴの漬け汁のおりが落ち着くのを待つ。澄んだ漬け汁の上澄みを静かに瓶に注ぐ。空気を遮断するために口を泥で密封する。空気が入ると漬けてあるイナゴが腐敗する。

あとは熟成するのを根気よく待ち、美味になったところで供する。(2)

古代メソポタミアの人々もイナゴの漬け物が好物だった。そのレシピが数世紀後に中世のバグダッドの手稿で発見されても、なんら驚きではない。紀元前1700年頃にくさび形文字で3枚の石板に書かれたメソポタミアのレシピと、アラビア語で書かれた現存する最古の料理本であるアル＝ワッラクのレシピには、明らかな類似点がある。食材とスパイスの組み合わせや酢の嗜好性も含めて、メソポタミアの食習慣がペルシアの人々に受け継がれたということだろう。ペルシアで調理法や味つけが確立し、やがてアラブ人がそれを受け入れさらに磨きをかける――クリスマスのプレゼント交換のように、料理法が手から手へ受け渡されていったのだ。このような地域を越えた食習慣の移動と融合は、まだまだ終わらなかった。中東、北アフリカ、ヨーロッパ南部はもとより、ラテンアメリカでも食される漬け物は、原点をたどるとこれら太古のレシピにたどりつくのだ。

アル＝バグダディは、まる1章を漬け物、薬味、調味料に費やし、読者にこう助言してい

トールシと呼ばれる漬け物のミックスは中東全域で人気がある。野菜を塩水に漬けてから、香辛料を加えた酢に浸す。

る。「料理の途中で出される多くの種類の漬け物が口から脂っぽさを取り除き、食欲を増し、そして消化を助け、料理の風味を増してくれる」。ムハラート（酢漬け）は多種多様で、バグダッドの肥沃な地域の豊富な農産物を用いて作られた。アル＝バグダディは、きざんだカブの実に塩、香辛料、ハーブをふり、ハチミツを加えてサフランで色づけした甘酢に浸して、カブの甘酢漬けを作った。ミントの漬け物は、乾燥したミントの葉に香りの良いハーブを混ぜ、セロリの葉と皮をむいたニンニク数片とともに「品質の良い酢」に漬け込み、サフランで金色に色づけした。

ここでアル＝バグダディのナスの漬け物の作り方を見てみよう。中東では現在もこのような手順で作られている。

中くらいの大きさのナスを選ぶ。熱湯に塩を加えてナスを軽くゆで、水気を切る。それから縦方向に4本切れ目を入れ、新鮮なセロリの葉、たくさんのミント、皮をむいたニンニクを詰めてガラスの容器に交互に並べる。ハーブ少々と細かく挽いたミックススパイスをふり、良質な酢を注ぎ、すっかり熟成するまで寝かせてから供する。(3)

アッバース朝はシバグ――酢かヨーグルトで作るのが一般的な浅漬け――の使い道を増やし、テーブルに出すには質素な料理と思われていた焼いたり揚げたりした肉や魚を引き立てるためにも使った。アル＝ワッラクは『料理の本』で、8世紀の詩人にして美食家のイブラヒム・アル＝マハディを賞賛した。簡単なシバグひとつで魚のフライを華やかに生まれかわらせたためだ。アル＝マハディは「高級なレーズン」を酢に漬けてからつぶし、「酢に漬けてつぶした少量のニンニク」とあえた浅漬けを作った。また、アル＝バグダディは、ソラマメを加熱し、ごま油、キャラウェイシード［セリ科の植物の果実］、粉末シナモンをまぶしてから高級な酢に漬けて浅漬けを作った。

小振りのキュウリをトウガラシとディルで風味づけした漬け物も、中東では人気が高い。

魚、家禽、家畜の肉はたいてい酢漬けにして保存された。シクバージは、いわば肉の酸っぱいゼリー寄せで、漬け物の物語で非常に重要な意味を持つ。シクバージはササン朝ペルシアの王宮でもアラブ諸国でも人気のひと皿だった。その名はペルシア語で酢を意味するシク（sik）と、シチューを意味するバージ（baj）に由来する。調理方法は、脂の多い肉をハーブ、スパイス、好みの野菜とともにゆで、そこにワインビネガーとハチミツまたはデーツの糖蜜をバランスよく加える。仕上げにサフラン、アーモンド、ドライフルーツを入れ、冷めてからローズウォーターをふりかける。この手の込んだ混ぜ物料理は冷たく冷やして、ゼリー寄せにして供された。その独特な形状

さまざまなトウガラシの酢漬け。

と甘酸っぱい味わいで人気を博したが、あまりの人気にペルシア帝国のホスロー1世は、王宮以外で食べることを禁じたと言われている。のちに触れるが、この料理はスペイン、ポルトガル、ラテンアメリカでまったく異なるスタイルの漬け物が生まれるヒントになった。

中世のバグダッドの料理本に掲載された漬け物と薬味は、中東や北アフリカで食されるさまざまな漬け物――トールシ（ペルシア語の「酸」を意味するtorshに由来）――のなかに生き続けている。過去の時代と同じように、現在でも漬け物は大半の食事に必ず出され、メゼと呼ばれる前菜として、あるいはメインディッシュの添え物として楽しまれる。通りの屋台やレストランのカウンターでは、ビーツでピンク色に染めたカブ、トウガラシ、キュウリ、カリフラワー、キャベツ、タマネギ、エシャロット、ニンニク、ニンジン、グリーントマト、オリーブ、ブドウの漬け物の瓶がずらりと並び、客の目を惹こうと競い合っているかのようだ。８００年ほど前にアル＝バグダディが伝えた、ハーブを詰めた濃い紫色のナスの漬け物も鎮座している。大半の場合、食材を塩水に漬けてからスパイスやハーブのきいた酢に浸すが、冬に調理されるカブは、塩水に漬けて暖かい日向で醗酵させる場合もある。イラクではアンバというマンゴーの漬け物が人気で、インドから輸入している。

◉コンキスタドール　スペインとラテンアメリカ

8世紀初頭にイベリア半島を征服したアラブ人は、異国の食材や調理文化も持ち込んだ。現存するアル＝アンダルス（イスラム勢力下のイベリア半島）の中世の料理本によると、東のイスラム世界からもたらされた食品や料理は、イスラム勢力下のスペインへ受け継がれたようだ。なかでも漬け物や薬味、珍重されたシクバージは、古くから言及されている。シウダー・レアル州で作られるスペインでは一般的なナスの漬け物、ベレンヘナ・デ・アルマグロは、アラブの直系とも言える伝統食だ。ナスもその漬け方も、アラブからもたらされた。

スペインのアルマグロの特産、ベレンヘナ・デ・アルマグロ（アルマグロ風ナスの漬け物）は、アラブ人のおかげで誕生した。小振りで青い未熟なナスを使い、あぶったトウガラシの小片を詰め、フェンネルの小枝で留めるのが一般的だ。

まずその地域特有のナスを、まだ小さく青いうちに収穫する。加熱してから塩、ニンニク、ピメントンことパプリカ（後世の追加）で調味したマリネ液で下味をつけ、薄めた酢に漬け込む。ピパラス（バスク地方の細長い青トウガラシ）や、ペピニージョと呼ばれる小振りのキュウリ、アンチョビーも同じように酢漬けにする。

スペインやポルトガルでは、エスカベシュ――酢漬け――がよく作られる。これもアラブ人から伝わった漬け物の遺産で、宮廷料理のシクバージに由来する言葉と考えられている。しかしアラブ人が用いた家畜やニワトリ、魚の調理法や酢漬けの方法は、多種多様だった。エスカベシュは猟の獲物の保存法としてイベリア半島各地に広まり、とくにキジ、ウズラ、ハト、ウサギはもとより、脂ののったイワシやサバ、アロサ［ニシン科の魚］、マグロといった魚の保存にもよく使われた。ポルトガルでは小振りのウナギも酢漬けにされた。このように調理法が取り入れられる過程で、アラビア語の名称のシクバージがイスケベイに変化し、そこからエスカベシュになったようだ。14世紀初頭のカタルーニャの料理本『セント・ソヴィの本 *Libre de Sent Sovi*』には、スカベージュ、エスカベイジュ、エスカベイというレシピがある。どれも魚のフライにさまざまな方法で濃縮した熱いビネガーソースを注ぐ料理だ。

ペックス・フリット・アブ・エスカベイジュ（魚のフライの酢漬け）
新鮮な魚を油で揚げる。タマネギをみじん切りにし、油で炒める。パンをきつね色に焼いて酢に浸す。魚の身を少し取り、スパイスで風味づけし、パンと炒めたタマネギといっしょにつぶす。よくほぐれたら湯で伸ばし、タマネギを炒めた鍋に入れて酢少々で調味する。沸騰したら皿の上の魚に注ぐ。お好みで、あらかじめ湯通ししたパセリやヘーゼルナッツを加える。

ほかの中世の調理本を見ると、エスカベシュがスペインからフランス南部のラングドック

スペインの漬け物。オリーブ、タマネギ、ペピニージョと呼ばれる小キュウリがミックスされている。スペインは醱酵テーブル・オリーブの世界最大の輸出国である。

に到達してエスカベグと名前が変わり、そこからさらにイタリアやイギリスへも伝わったことがわかる。現在、酢をベースにしたマリネ液に漬ける魚のフライは、フランスではエスカベーシュ（escabèche）、イタリアではスカペーチェ（scapece）と呼ばれる。どちらも冷たく冷やして供される典型的な前菜だ。いったん漬け込んで冷蔵庫に入れると、数週間は持つ。

16世紀にメキシコやペルーを征服したスペイン人、すなわちコンキスタドールは、エスカベシュの調理法を中南米に持ち込んだ。スペインでは狩猟の獲物の野鳥や魚を漬け込んだが、中南米では野菜にも応用され、サトウキビを醱酵させた酢を使った。コンキスタドールによって、数多くの独特な料

マンゴーの酢漬け。メキシコ、オアハカ州。

理も新たに考案された。「メキシコの女性」が書いたとされる１８６５年の作者不明の調理本『新しく簡単な料理の技術 *Nuevo y sencillo arte de la cocina*』には、マニタス・デ・プエルコ——トウガラシと酢で調理する豚足——のレシピが掲載されている。これは現在もメキシコやボリビアで広く作られる人気のエスカベシュだ。南米では、世界最大の齧歯目《げっしもく》と言われるカピバラの肉をエスカベシュにする。もっと一般的な魚のエスカベシュは、ラテンアメリカ第２のスペイン植民地として栄えた港町、ベラクルスが発祥の地だ。中米の東海岸には多くの料理が持ち込まれ、そこから地域全体に広まった。１８８３年に出版された『メキシコの新しい料理事典 *Nuevo cocinero mexica-*

no en forma de diccionario』には、初期のレシピが紹介されている。魚に小麦粉をまぶして揚げ、酢、ニンニク、さまざまなハーブを加えたマリネ液に漬けていったん冷ませば完成だ。同種の魚のエスカベシュは、パナマやペルー、キューバにも存在する。

『プエブラの料理 *La cocinera poblana*』(1881年)は、当時スペインの大規模な植民都市だったプエブラの料理を紹介するレシピ集で、ナマズとツグミのエスカベシュの作り方のほか、現在メキシコでもっとも人気のある漬け物のひとつ、トウガラシの酢漬けのレシピも提供している。

チポトレ・チレ・エン・エスカベシュ(燻製ハラペーニョの酢漬け)

大きめのチポトレ(燻製ハラペーニョ)を用意し、水をはった鍋に入れて火にかける。軽くゆでて火を止め、種を取り除く。よく洗って水を切り、しっかり乾いたら油で揚げる。ローリエ、タイム、クローブ、シナモンをちぎり、酢、塩、オレンジの葉とともに容器に入れ、そこにハラペーニョを加える。蓋をして、適宜オイルを足しながら、やわらかくなるまで3~4日寝かせる。

生野菜や加熱した野菜で作るエスカベシュは、ラテンアメリカ各地に浸透している。毎日

メキシコの典型的な漬け物、トウガラシの酢漬け。

の食事に新鮮な漬け物を用意することが一般的で、きざんだトウガラシ、ピーマン、タマネギ、ニンニク、トマト、パセリあるいはコリアンダーを酢、レモンやライム果汁であえて作る。19世紀には、浅漬けの人気が高まった。メキシコやチリのサルサソース、ブラジルのモーリョ、コロンビアのトウガラシ入りで辛いアヒ・ピカンテあるいはアヒ・アンティオケーニョはその例で、コロンビアやベネズエラ、アルゼンチンではハーブをきかせたチミチュリという薬味が焼いた肉とともに出された。

ラテンアメリカでは、セビチェという独特な魚のマリネ料理も生まれ、世界中に広まっている。セビチェは切り身にした生魚やタコ、イカ、エビを、レモンやライム果汁、ダイダイ果汁に漬けて作る。柑橘類の果汁の酸が魚のタンパク質

ペルーの国民食セビチェは、生のコルビナ（スズキの仲間）をダイダイやライムの果汁に漬け込む。

を変質させ、加熱と同じ働きをする。これはペルーの名物料理なのでペルー発祥と思われがちだが、ラテンアメリカ各地で見られ、とくにエクアドルとメキシコでは一般的だ。

ペルーのセビチェは、生魚――伝統的にはスズキの仲間のコルビナ――のぶつ切りを用意し、ダイダイや非常に酸味の強いキーライムまたはメキシカンライムのしぼりたての果汁に薄切りのタマネギ、トウガラシ、塩を加えて数時間漬け込むのが典型だ。軸付きトウモロコシやスイートポテトを添えて、常温で出される。小さなガラス容器に漬け汁を注いで、前菜にすることもある。

1970年代になると、現代風の国籍を越えたセビチェが登場した。日本の刺身のようにごく薄切りにした魚の切り身を短時間酢に漬け込んだセビチェが、コース料理のひと皿目として供されたのだ。この新たな料理が広まったのはペルーのダリオ・マツフジやノブ・マツヒサら、有名日系人シェフによるところが大きい。

セビチェ（ceviche）の語源は不明だ。ペルーの著名な地理学者、ハビエル・プルガル・ビダルは、ペルーの少数民族の言語、ケチュア語から派生したとの説を唱え、「やわらかい生魚」を意味するsiwichiが起源だろうとしている。また、スペイン語が語源とする説もある。食べ物を意味するcebo、魚のシチューのcebiche、小さいを意味するicheだ。スペイン語単語の認定を行なうスペイン王立アカデミーは、escabecheと同じく、cevicheはペルシアのsikbajが語源との見解を示している。

この名称の起源が何であれ、セビチェはスペインによる植民地支配と柑橘果汁の利用に始まった。どこでどのように考案されたかは立証されていないが、エスカベシュがラテンアメリカの東海岸で発達し、セビチェが西海岸で発展したのは興味深い。セビチェは、エスカベシュにインスパイアされた、独立した食の実験の結果か、あるいはスペイン植民地間の交易の結果なのかもしれない。スペインは、新世界の太平洋側の港とフィリピンを結ぶ海路を開いた。そのフィリピンでは、柑橘果汁の代わりに酢を使う新鮮な魚の漬け物、キニラウが、少なくとも1000年前から作られ続けている。(4)

第5章 ◉ バルト海からアメリカへ 栄養と香り

この章では、西欧を代表する3つの漬け物を調査する。オランダがニシンの漬け物の極意をいかに発見したか、キャベツがザウアークラウトにどのように変わったか、そして消化に悪いキュウリがなぜディル・ピクルスに変身したのか、答えを探る。これらの漬け物は、近世以降のヨーロッパの日常食の大黒柱になった。アメリカに運ばれてからは、アメリカの食文化に欠かせない要素であり続けている。

◉ニシン

塩漬けニシンを考案したのは、14世紀のオランダ人、ヴィリアム・ブッケルスと言われている。ニシンのような脂の多い魚を塩水に漬けて保存したことで、食材としても商品としても、ニシンの価値が一気に高まった。豊富に獲れるニシンは「海の銀貨」と呼ばれるようになり、その取り引きがヨーロッパ諸国の経済力のバランスを決定づけたのだ。オランダの手法は画期的だった。まず傷みやすいニシンの内臓を取り除く。そして塩をまぶして適当に山のように積みあげるかわりに、塩水の中に平らに並べ、空気を遮断した。するとニシンが格段に長持ちするようになったのだ。この革命的な工程では、ニシンが新鮮なうちに、言わば漁網が海から引き揚げられた直後に加工することが重要だった――つまり、港に船が戻る前に海上で作業が行なわれたのである。オランダの塩漬けニシンは、どんな国も張り合えないほど品質が良いと評判になった。

オランダは、この新事業に多額の投資をした。1410年までに、幅の広い多層甲板型の船を数隻建造している。オランダの港からはるか遠洋でニシンを獲り塩漬けにするための専用船だ。3本マストが特徴のこのニシン船は、加工冷凍設備を持つ現代の工船の前身である。6～12月のニシンの漁期のあいだ、いったん港から出たニシン船は数週間外洋に留まることができたため、水揚げ量は最大に、コストは最小限にすることができた。オランダのニシン船団は、イングランドやスコットランドの海岸から目と鼻の先の沖合で操業したので、地元でニシン漁をする小型船は数でも漁獲量でも歯が立たなかった。イギリスのパンフレッ

ジョゼフ・デ・ブレイ『ニシンの漬け物を讃える静物画』木に油彩。1656年。

ト業者「トビアス・ジェントルメン」は、『イギリス流に富を勝ち取る方法 *England's Way to Win Wealth*』（1614年）で、オランダの「堂々たるニシン船団」がシェトランド沖で操業するようすをつぎのように述べた。

彼らはニシンの大群を決して逃さない。（中略）いちばんの狙いである最高のニシンを船に2度も3度も積み（中略）それをニシン船団にやって来る商業船が陸へ運ぶ。商業船はニシン船団に食料や樽、塩も運んで来る。

漬け込みの工程は、品質を保証するために、オランダ政府によって厳密に定められた。魚は漁網から出したらすぐに内臓を取り除き、大きさごとに選別して、木の樽に頭から尾まで隙間なくきっちり並べて塩と交互に重ねていく。樽に海水を満たし、密封保存する。厳重に樽詰にされた塩漬けニシンは腐ることなく1年間は持った。この樽漬けの状態で、オランダのニシンはヨーロッパの多くの主要市場で取り引きされた。17世紀半ばには、オランダは2000隻のニシン船団を誇り、ヨーロッパのニシン取り引きを支配するまでになっていた。フラマン人［オランダ語を話すゲルマン民族］以外を市場から締め出し、ドイツとバルト諸国の客を奪い、ロンドンへ送る塩漬けニシンの半分以上を供給したのだ。オランダが加工処理

ディルで風味づけしたニシンはディルシルと呼ばれる。スウェーデンのビュッフェ形式の食事、スモーガスボードには欠かせない料理で、何よりも先に食べるのが伝統だ。

したニシンは、カナダのヤーマスや、イングランドのスカーバラやブリドリントンで作られた塩漬けニシンの2倍以上の価格で売れた。

漁期が始まると、塩漬けニシンの樽の初荷が馬車に積まれ、市場へ大急ぎで運ばれた。どの町でも樽の到着を人々が興奮気味に待っていた——町のお触れ役が事前に到着を知らせ、建物には歓迎の旗が並んだそうだ。

ニシンは富裕層も貧しい庶民も食べる基本食だった。漬け汁から出して直接皿に盛るのはもちろん、裕福な家庭ではほかの食材と組み合わせることもあった。『塩と漁業 *Salt and Fishery*』（1682年）を著したジョン・コリンズは、オランダ人はニシンにオイルをかけてそのまま食べ、イギリス人はニシンを細かくきざんでオイルとみじん切りのタマネギやレモン、リンゴとあえて食べると述べている。ロンドンでは、あらかじめあえてある商品を買うこともできた。ある時から、さまざまに風味づけした酢に塩漬けニシンを漬け込む食べ方が普及した。風味づけにはコショウの実、メース［ナツメグの種子のまわりの皮から作られる香辛料］、ローリエ、タマネギ、マスタードシード、ディル等が使われ、砂糖も加えて甘酢漬けにすることもあった。スウェーデンで人気のディルシル――砂糖とディル入りの酢に漬けた瓶詰ニシン――は、この伝統を受け継いでいる。

18世紀は、戦争による都市の荒廃とニシンの品質の低下がオランダに大打撃をもたらした。オランダのニシン産業は揺らぎ、400年間にわたる支配は終わりを告げる。それでも、塩や酢漬けのニシンが商品としても食文化としても重要なことはすでに証明されていた。20世紀に入ってしばらくたっても、漬けニシンは東ヨーロッパの貧しい人々や農民、労働者階級には欠かせない食べ物だった。ポーランド系フランス人の美食家エドワール・ド・ポミアーヌによると、1920年代、ポーランドのユダヤ人は1日1尾ニシンを食べていたそうだ。

漬けニシンの人気は世界中で衰えることなく続き、特別な料理としても長く支持され続けている。たとえばスウェーデンのビュッフェ形式の料理、スモーガスボードには、酢漬けニシンが欠かせない。ポーランド、リトアニア、ウクライナでは、ニシンはクリスマス・イブに出される伝統的な12皿のひとつに入っている。地域特有の料理も発展した。スウェーデン北部では、シュールストレミング——バルト海産ニシンの酢漬け——が遅くとも16世紀から作られ続けている。ニシンを漬けるのは、腐敗を防ぐのに必要な最低限の塩しか含んでいない薄めの塩水だ。その塩と夏場の暑さで醱酵が進む。工程の最初は樽で始め、その後缶に移す。すると細菌の働きで醱酵が進んでガスが発生し、缶がふくらむ。これがシュールストレミングの特徴だ。もうひとつ、この缶詰は鼻を刺すような強烈な匂いで悪名高く、そのためか塩辛い味の方はあまり話題にならない。愛好家のあいだでは毎年シュールストレミング祭りが開催される。1896年、スウェーデン人の美食家チャールズ・エミール・ハグダルはつぎのように述べた。

シュールストレミングを、唾液以外のソースは何もつけずにそのまま食べるのは、よほど慣れている人だけだ。彼らはすばらしい最高のごちそうだと思っている。しかし祝いの席のごちそうにはならないだろう。主人がひとりで食べることを好まない限り、またはまったく鼻がきかない客を選ばない限りは。(1)

対照的に、「若いニシン」——ドイツ語とスウェーデン語でマティエス(matjes)、オラン

ニシンを塩水に漬け込んでからビネグレット（香料入りの酢）、野菜オイルまたはサワークリームでマリネにするシュマルツ・ヘリングは、東ヨーロッパ生まれの料理だ。

ダ語でマーチェス（maatjes）――は、浅漬けのニシンとして人気が高い。産卵前の若い魚の内臓を一部残して取り除き、薄めの塩水におよそ5日間漬ける。内臓もいっしょに漬け込むので、酵素が発生してマティエスの特徴である口当たりの良い風味とやわらかさが生まれる。中央ヨーロッパでは、若い魚はシュマルツ・ヘリングと呼ばれる。シュマルツ（schmaltz）とは、イディッシュ語［ドイツや東欧のユダヤ人が使う言語］で「脂の乗った」という意味で、東ヨーロッパのユダヤ人のニシン料理と深い関係があることがうかがえる。もっとも脂が乗った時期にニシンを獲り、内臓を取り出し、尾と頭は残したまま樽で塩漬けにする。食べる前に水に漬けて塩抜きし、切り身にして、野菜オイルやビネグレット［酢、サラダ油、塩、コショウで作ったドレッシング］、サワークリームに漬ける。

19世紀初頭、ロールモップが生まれたのはベルリンだったと言われている。ロールモップとは、塩水に漬けたニシンの身でキュウリの漬け物を巻き、木の串で留め、容器に入れてスパイス入りの酢を注いだものだ。ドイツ帝国を築いたオットー・フォン・ビスマルクの名を冠したビスマルク・ヘリングという漬けニシンは、輪切りのタマネギとスパイスで風味づけした酢にニシンの身を漬けて作る。ビスマルクはつぎのように語ったと言われている。「ニシンがキャビアやカキのように高価だったなら、貴重な珍味ともてはやされただろうに」

◉キュウリの漬け物

ヨーロッパの人々は、キュウリがすばらしい食材だということに長いあいだ気づかなかった。1世紀のローマ人に知られていたインド原産の苦味のある卵形の実は、ヨーロッパ大陸に広まったが、そのスピードはとても遅くフランスに到達したのは9世紀だった。キュウリがゆるやかに北へ向かったのは、食材としてあまり評価されていなかったためだろう。キュウリは消化を助け腹部の膨満感を解消する程度で、食べてもあまり意味がないと考えられていたのだ。14世紀に入ってようやくイギリスでも知られるようになったが、ことさら酷評された。1699年、ジョン・エヴリンはキュウリについて「どのように調理しても捨てるのがいちばんで、毒とほとんど変わらない」と回想している。(2) キュウリが初めて塩水に漬けられたのがいつなのか、正確にはわからないが、それがキュウリを大変身させたのは間違いない。塩分によって促される乳酸醗酵のおかげで、キュウリの消化の良さと香りがさらに向上したのだ。そして何より、キュウリが傷まず日持ちするようになった。

キュウリの塩水漬けは、ザウアークラウトと同じく近代ヨーロッパの基本食になり、とくに中央、北、東ヨーロッパではそれが顕著だった。家庭ではキュウリとともにキャベツやビーツ、キノコ類も樽で漬け込み、冬のあいだ食べ続けた――強い酸味がパンやジャガイモといった主食によく合い、添え物として重宝された。エレナ・モロホヴェツは、19世紀のロシアでもっとも読まれた調理本『若き主婦への贈り物 *A Gift to Young Housewives*』で、キュウリの漬け物のレシピをいくつも提案した。ここで紹介するのもそのひとつだ。

ソレナイ・オグルツィ(キュウリの塩漬け)

きれいな川の砂を乾燥させ、目の細かいふるいにかける。この砂を手のひら程度の厚さになるように、樽の底に平らに広げる。その上によく洗ったカシスの葉、ディル、みじん切りのセイヨウワサビを入れ、キュウリを並べていく。キュウリの上にカシスの葉、ディル、セイヨウワサビを載せ、砂で覆う。これを樽がいっぱいになるまで繰り返す。最後に必ずカシスの葉でキュウリを覆い、その上に砂を載せる。つぎに漬け汁を用意する。バケツ1杯の水に約700グラムの塩を加え、いったん沸騰させてから冷ます。キュウリがすっかり隠れるまで樽にこの塩水を入れる。塩水が蒸発して減ってきたら、適宜追加する。どのような漬け物であれ、事前にキュウリを氷水に12～15時間漬けておくこと。

モロホヴェッツがカシスの葉を使ったのは、キュウリを漬けるときの難題、つまりキュウリのしゃきっとした食感をいかに保つかという問題を解決するためだ。カシスの葉に含まれる高濃度のタンニンがキュウリの細胞壁の硬さを保つため、しっかりした食感が保たれる。ロシアでは、キュウリの漬け物に風味づけをするためのブーケガルニ（香草の束）が市場で売られている。花束のようにまとめられたディル、セイヨウワサビの葉、ニンニクの芽に、カシス、チェリー、オークの葉が加えられることも多い。南部では、生のローリエやブドウの葉も使われる。やはり高濃度のタンニンが含まれるためだ。ミョウバン（硫酸アルミニウムカリウム）にも同じ作用がある。

キュウリは野菜の漬け物のなかでもっとも人気があり、世界各地で作られている。

長年にわたり、漬け物専用の小振りで短いキュウリの品種が数多く創られてきた。イギリスではガーキンと呼ばれる。フランスではさらに進んで、もっと小さな実をつけるキュウリを生み出した。フランス語でコルニッションというその実は、子供の指よりも短い。

◉ザウアークラウト

漬け物の歴史では、現在見られるザウアークラウトは新顔と言える——初めて作られてから、せいぜい400年といったところだ。ザウアークラウトの特徴は、キャベツに塩をふって作る点だ。ほかのキャベツの漬け物、たとえば数千年前の中国で作られたものはキャベツを塩水に漬けた。ザウアークラウトを作るには、乾燥塩

キャベツの漬け物ザウアークラウトは、ヨーロッパで誕生した。

を千切りキャベツにふりかけ、しっかりと重しをする。短時間でキャベツからかなりの水分が出るので、それが漬け汁となって塩水ができ、醱酵が始まる。ヨーロッパで考案されたこの手法は、徐々に各地に広まった。

ローマ人はキャベツを酢入りの塩水に漬け込んだ。中世の時代はキャベツをみじん切りにして壺に入れ、ベルジュース（ブドウやリンゴの酸っぱい果汁）、酸っぱいワインまたは酢に浸し、大量の塩を加えた。当時の文献には、フランスでキャベツをこの方法で漬けたとの記載がある。酸味と塩味が非常に強い溶液が野菜の保存にひと役買ったが、制約もあった。この漬け物には大量の酢やベルジュースを使ったため、できあがったキャベツの漬け物は塩気も酸味も強く、食べる前に水に漬けて塩抜きする必要があったのだ。ドイツ語のザウアークラウトという名称が文字どおり「酸っぱいキャベツ」を意味するのは、この初期のキャベツの漬け物の特徴的な味わいが理由かもしれない。この呼び名は、作り方が変わってからも使われ続け、定着した。

ある時から、酸っぱい液体が使われなくなり、代わりに塩水が漬け物樽に注がれ始める。この新たな流れで、漬け汁の酸味が薄れ、乳酸醱酵が容易になった。その結果できあがったキャベツの味がかなり向上した。塩水に漬けた保存キャベツが初めて登場する文献のひとつが、1607年の『サンティの宝 *Le Tresor de Santi*』だ。ドイツでは冬の保存食としてキャベツを漬ける、との記述がある。キャベツを千切りにして塩、セイヨウネズ［ビャクシン属の針葉樹］の実、香辛料、バーベリー［メギ科の樹木の実］、コショウをまぶして何層にも重ねる。重ねるたびにしっかり押さえつけ、最後に塩水を加える。イギリスの料理作家ハナー・グラスが「サワー・クラウト」のレシピを1758年版の『簡単でわかりやすい料理法 *The Art of Cookery Made Plain and Easy*』に載せる頃には、ふり塩の調理法はすっかり確立されていた。グラスはこう述べている。「これは、ドイツや北方の国々でよく食される料理である。凍てつく寒さでキャベツがすべてだめになってしまう土地だ」。身の締まった白キャベツを丸ごと漬け物にするために、キャベツ4～5個につき片手に山盛りの塩を加え、粉末キャラウェイシードを「良い香り」のために加えた。その後重しをし、ぴったりと蓋をして1カ月ほど寝かせる。

キャベツの漬け物は、ヨーロッパの大部分で食のかなめだった。ポーランドでは、板張りの土蔵でキャベツを漬けるのが習慣で、この方法は20世紀半ばまで続いた。丸ごとのキャベツと千切りキャベツを交互に重ねるが、塩を入れるか入れないかは、家庭の経済状況次第だった。そして重たい石で蓋をして重しにした。少量の塩を加えるか、あるいはまったく塩を使わずに寝かせると、やわらかくほとんど香りのない漬け物になるので、ディルとキャラウエイシードで風味を補った。オークやサクラの葉をキャベツと交互に入れる地方もあったようだ。葉に含まれるタンニンのおかげで、ぱりっとした歯ごたえが保たれた。

ザウアークラウトは、ジェームズ・リンド医師の功績で、イギリスで大きく脚光を浴びる。リンドは、当時あらゆる国の海軍が悩まされていた、ビタミンC不足で起こる壊血病の予防に率先して取り組んでいた。1772年に第3版が出されたリンドの有名な著書『壊血病の論文 *A Treatise on the Scurvy*』では、オランダの酸っぱいキャベツ、ズールコールの作り方が詳しく紹介されている。最初に白い冬キャベツを千切りにする。空気を遮断するために内側に油脂と小麦粉のペーストを塗った木製の樽に、キャベツと塩を交互に入れる。キャベツから水が出るように、木の蓋をキャベツの上に置く。こうすると2〜4週間で醱酵が完了する。樽の上に徐々に染み出す酸味の強い漬け汁を捨てて水を足すと、樽の気密性が保たれ

赤キャベツを千切りにして塩をまぶし、自然醱酵させるとザウアークラウトができあがる。

る。リンドは、こうして作ったキャベツの漬け物が長持ちすることについて、こう述べている。「私は小さな樽をニューファンドランドへ送った。8カ月後に中身を少し送り返してもらったが、味も良く傷んでいなかった」。塩漬けキャベツの日持ちの良さは傑出していた。リンドによると、オランダの船乗りが壊血病にかかりにくいのは「航海に持参する野菜の漬け物のおかげ」だった。1週間に2杯の漬け物を食べれば効果があったらしい。

イギリスの航海家キャプテン・クックは、長い航海で壊血病との闘いに勝利したと広く認められている。成功の一因は、「サワー・クラウト」をなかなか食べようとしなかった乗組員たちを説き伏せたことだろう。最初に彼らが「サワー・クラウト」を拒絶したとき、クックは乗組員が「たとえ自分たちのためになるとしても、一般的ではないこと」を嫌がると知っていたので、士官にだけキャベツの漬け物を出すよう命じた。「上官がキャベツの漬け物の価値を認めれば、世界一すばらしい食べ物と認識される」からだ。

いまでは、ザウアークラウトに壊血病予防の効果があるのは、新鮮なキャベツに豊富に含まれるビタミンCのおかげであり、その大部分が漬け物にしても残るためだとわかっている。リンドが紹介したズールコールの作り方は、どこから見ても現在のザウアークラウトの作り方と同じだ。たいていは香りの弱い堅い白キャベツを使う。ふり塩の手法が最初に始まったのは、ドイツなのか、オランダなのか、あるいはほかの国なのか。それについては、「ザウアークラウト」というドイツ語の名称がそのまま英語になり、フランスでもシュークルートとして受け入れられたことを考えると、ドイツとの関連が強いようだ。19世紀のドイツの詩人ルートヴィヒ・ウーラントは、つぎのように主張した。

われわれの上等なザウアークラウトもまた
忘れてはならない。
初めて創り出したのはドイツ人だ、
それゆえにこれはドイツ料理なのだ。

ひとかけらの白くやわらかな肉が、
クラウトの中に横たわるとき、それは
バラに囲まれるヴィーナスの絵画さながらだ。(3)

現在ヨーロッパには、ザウアークラウトのバリエーションがいくつも存在する。加熱して食べたり、生のまま食べたり、温めたり冷やしたり、そのまま器に盛ったり飾りをあしらったり、さまざまだ。ロシア、ウクライナ、ベラルーシでは、地元のキャベツと千切りニンジンをいっしょに漬ける。ポーランドでは、キャベツにタマネギ、ニンニクで風味づけをして、赤いビーツで色をつける。バルカン諸国では、キャベツを丸ごと漬けるのが一般的だ。それをビーツでピンク色に染めたり、マルメロで琥珀《こはく》色にしたりすることもある。セルビアの人々は、赤キャベツを同じように漬け込み、ピンク色の漬け汁を飲み物として楽しむ。ザウアークラウトは、19世紀のドイツ人とポーランド人の移民によってアメリカに持ち込まれ、すぐにどこのデリカテッセンでも出される一般的な料理になった。

◉北アメリカ

初期のアメリカで、漬け物壺から逃れられた食べ物はほとんどなかった。ヨーロッパからの移民は、新大陸で栽培すべく果物や野菜を持ち込んだ。それを保存するための料理法も同時にもたらし、塩水に漬けたキュウリやさまざまな酢漬け、塩漬けビーフ、ザウアークラウトの伝統を広めた。英語圏の植民地は、イギリスにヒントを得た。16世紀のヴァージニアのレシピを収めた初代アメリカ大統領夫人マーサ・ワシントンの手描きの料理本には、アスパラ、エニシダのつぼみ、バーベリー、レタスの茎と花の漬け方や、塩漬けのカワカマスやウナギ、ザルガイやイガイの漬け物、樽詰にしたカキ等々、イギリスの料理人には馴染み深い食材やその調理法が紹介されていた。なかでも、キュウリの漬け物にはふたつのレシピがあり、それを見ると漬け物が大量に作られたことがよくわかる。そのうちひとつは、「しゃきっとした食感ときれいな緑色」を保つために、キュウリ100本につき「ミョウバン2ペニー分」を加えるよう指示している。

キュウリはまたたく間にアメリカを代表する漬け物になった。キュウリを北アメリカにもたらしたのは、スペイン人だ。1490年代にクリストファー・コロンブスがイスパニョーラ島に持ち込み、それから1世紀もたたないうちに、モントリオール、ニューヨーク、ヴ

漬け物樽から3人の子供を救った聖ニコラス。15世紀末〜16世紀。石灰岩。ドイツ、スワビア。宿屋の主人が子供たちを殺して漬け物にし、客にふるまおうとしたが、聖ニコラスが生き返らせたという物語に基づく。

アージニア、フロリダ、グレートプレーンズ（大草原地帯）の先住民が栽培するようになる。入植者もすぐに続いた。１６５９年、オランダの農民たちが現在のブルックリンにあたるロングアイランドでキュウリを栽培し始めた。間もなくニューヨークは、アメリカ最大の漬け物商人の街との名声をほしいままにし、キュウリの漬け物を売る屋台がワシントン、カナル、フルトンの各ストリートにあふれた。その人気の高さから、キュウリが漬け物の代名詞になったほどだ。第３代大統領トマス・ジェファーソンは、つぎのように語ったらしい。「ヴァージニアの暑い日には、スパイスのきいたキュウリの漬け物で元気を出すに限る。サリーおばさんの地下室に置かれた芳しい瓶を満たすきらめく漬け汁から、それはマスのご

トマトは、初期のアメリカで漬け物にされた多くの食材のひとつだ。ほかにもキュウリ、モモ、ピーマンの漬け物も人気があった。

とくに取り出される」

アメリカの料理人は、野菜の生育期のあいだ、ジャムやチャツネ、「店特製」のソースやケチャップを作るために食材を漬けたり、瓶や缶に詰めたりと、ずっと多忙だった。当時アメリカでもっとも話題になった料理本のひとつ『諸分野の料理指南 *Directions for Cookery, in its Various Branches*』（1840年）の著者ミス・エリザ・レスリーは、一般的な食材を使った漬け物のレシピを数多く考案した。たとえば殻のやわらかいバターナッツ（北米産のクルミ）、ピーマン、モモ、「トマータ」ことトマトを塩漬けにしたり、水で薄めた酢に漬け込んだりしている。地域特産の漬け物についての本も出版された。メアリー・ランドルフは著書『ヴァージニアの主婦 *The Virginia*

Housewife』（1838年）に「黄色い漬け物」を掲載した。イギリスのピカリリー［野菜を酢とマスタードの調味液に漬けたもの］にヒントを得たらしく、ターメリックで色づけし、ショウガ、セイヨウワサビ、マスタードシードで辛味づけしている。さまざまな野菜をマスタード漬けにしたアメリカ南部（およびカナダの東海岸沿い）特有の甘辛い漬け物、チャウチャウのレシピは、マリオン・キャベル・タイリーの古典『古き良きヴァージニアの家事 *Housekeeping in Old Virginia*』（1878年）に登場する。「ヴァージニアの250の家庭から集めた1700のレシピ」を編集した料理本だ。この漬け物がなぜチャウチャウと呼ばれるようになったのか、経緯は不明である。生野菜、あるいはもっと一般的には現在と同じように加熱した野菜を、黒砂糖で甘味を加えスパイスをきかせた酢に漬け込む。ここで紹介するレシピは、「ミセスC・N」が寄稿した典型的なレシピである。

チャウチャウ

タマネギ…4・5リットル（半ペック）

グリーントマト…4・5リットル（半ペック）

大きめのキュウリ…3ダース

大きめのピーマン…4個

赤と緑のトウガラシ…0・3リットル（半パイント）

材料に0・55リットルの塩をふりかけ、ひと晩寝かせる。キュウリは皮をむかずに3センチ幅に切る。タマネギも同じように切る。

朝になったら塩水を捨て、つぎのものを加える。メース30グラム、黒コショウ30グラム、ホワイト・マスタードシード30グラム、ターメリック30グラム、クローブ15グラム、セロリシード15グラム、マスタード大さじ3、黒砂糖500グラム、セイヨウワサビ少々。

漬け物を酢に浸し、しんなりするまで30分程度煮る。冷ましてからいただく。

漬け物は、アメリカ全土で食事時に必ず出されていた。イギリス人作家フランセス・トロロープは、『内側から見たアメリカ人の習俗』（1832年）［杉山直人訳。彩流社］で、1820年代のシンシナティで開かれたお茶会について述べた。客人は、盛りだくさんの菓子のほかに「モモの漬け物や、保存用に漬け込んだキュウリ、ハム、ターキー、つるして干した牛肉、アップルソース、塩漬けのカキ」も勧められたそうだ。漬け物は感謝祭のごちそうにもなった。作家にして社会活動家のサラ・ジョセファ・ヘイルは、感謝祭をアメリカ合衆国の祝日にするべく運動をし、そのアイデアを『ノースウッド　北と南の生活 *Northwood*』（1827年）［イギリスでのタイトルは『ニューイングランドの物語』］という小説で初

漬け物用の広口瓶。紫大理石加工のガラスと金属。1870～90年頃。ペンシルヴェニア州タレンタム、チャリナー・テイラー社製。

めて披露した。登場人物のスクワイア・ロミリーが感謝祭の食卓に着くシーンがある。ごちそうの主役であるローストターキーの周りには、漬け物や保存食が並んでいる。この祝いの席専用の食器があれば、さぞ映えたことだろう。晩餐のフルコースには、人数分の漬け物も入っていた。１８７０年の感謝祭のメニューでも、漬け物の習慣は続いていた。現在も多くのアメリカの家庭に受け継がれている――ローストターキーには、クランベリー・ソース、漬け物の盛り合わせ、モモの漬け物、そしてコールスローを添えるのだ。あまり裕福ではない家庭では、漬け物は日々の食費を抑えるために欠かせない基本食だった。１８９０年、インディアナ州マンシーの主婦が冬場の食事について語った記録がある。

焼いたりあぶったりした肉、マカロニ、ジャガイモ、サツマイモ、カブ、コールスロー、揚げたリンゴ、煮込んだトマト、デザートには甘いプディング、ライスプディング、ケーキ、またはパイ。経済的に余裕のない平均的な家庭では、これが冬場の食事のレパートリーだった。そして漬け物やチャウチャウで今日はこの組み合わせ、明日はあの組み合わせと工夫を凝らし、いつものデンプン質の料理に変化を加えた(4)。

アメリカの漬け物の伝統は、19世紀半ばから終盤にかけて増えたユダヤ人移民によって勢いづく。最初はドイツから、のちに東ヨーロッパやロシアからやってきたユダヤ人が、独特の漬け物をもたらした。ザウアークラウト、塩漬けビーフやタン、塩水に漬けたシュマルツ・ヘリング、それに「ビスマルク」――酢漬けのニシンだ。そしてもうひとつ、デリカテッセンのカウンターで無敵の存在になるのが、キュウリを漬けたコーシャ・ディル・ピクルスだった。キュウリを木製の樽に詰め、宗教戒律に基づく清浄な塩を使った塩水に漬ける。風味づけには、ディル、さまざまな香辛料、そしてこの漬け物と一般的なディル・ピクルスの明確な違いを生むニンニクを加える。キュウリはしばらく寝かせて醱酵させる。漬ける時間が短くうっすら酸味があるものは「ハーフサワー」、長く漬けた酸味の強いものは「フルサワー」

と呼ばれた。

ユダヤの人々がキュウリの漬け物をことのほか好んだのは、注目に値する。栄養士のバーサ・ウッドは著書『健康と関係する外国産の食べ物 *Foods of the Foreign-born in Relation to Health*』（1922年）で「おそらく、ユダヤ人ほど多くの『酸っぱい料理』をレパートリーに持っている人々はいない」と述べた。バーサの言うとおりだったかもしれない。1901年に出版された『植民地の食事 *The Settlement Cookbook*』には、ドイツ系ユダヤ人と東ヨーロッパの人々のレシピが掲載されているが、キュウリの漬け物のレシピは8種類にのぼる。

移民の多くは、マンハッタンのロウワー・イースト・サイドに定住した。人口は急速に増え、故郷の味を求める彼らの声に応えて野菜や肉、魚の漬け物の製造も一気に増えた。味の良い濁った塩水に漬かったキュウリの樽の手押し車が行き交い、通りや小路は混雑したらしい。キュウリの漬け物は大量に買うことも、1本でもひと切れでも買うことができた。1ペニーの厚いひと切れをパンにはさむのが流行の昼食だった。

ウッドは、ユダヤ人の食事の「弱点」と、そこに隠れる不安を口にしている。

この大都会のユダヤ人街では、漬け物しか扱わない商店主がいる。キャベツの漬け物は丸ごと、千切り、ざく切りにして大きな葉で巻いたもの。コショウにサヤインゲン、フルサワーとハーフサワーのキュウリ、そして塩をふったキュウリ、ビーツもある。さまざまな肉や魚もある。こうした漬け物を食べ過ぎると薄味では満足できなくなり、怒りっぽくもなるので、彼らのアメリカ社会への同化がいっそう難しくなる。

漬け物の食べ過ぎに対するウッドの懸念は、以前から表面化していた不安の反映だった。著名な食事改革者キャサリン・ビーチャーは、著書『健康と幸福にまつわる人々への手紙 *Letters to the People on Health and Happiness*』(1856年)で、調味料は「不自然なまでに食欲を増進させる」と述べた。ジョン・ハーヴェイ・ケロッグ博士も同じ意見だった。著書『健康に良い料理本 *The Hygienic Cook Book*』(1876年)で、博士は食べるのを避けるべき「病気を引き起こす因子」を列挙している。リストのトップには漬け物、酢、香辛料、そしてマスタードが並んだ。

新たにアメリカにやってきた移民や都会の貧しい人々の漬け物嗜好は、ほかの人々の目には倫理的な問題と映ったようだ。社会主義者ジョン・スパーゴは、議論を呼んだ『子供たちの悲痛な叫び *Bitter Cry of the Children*』(1906年)で、アメリカの主要都市で暮らす貧困層の子供の悲惨な食事を明らかにした。スパーゴによると、彼らの食事は朝食と夕食のほとんどがパンで、昼食は漬け物だけだという。

貧しい家庭の子供は、どういうわけか漬け物が大好きらしい。10歳のある男の子は、いつも3セントで漬け物を買うそうだ。「漬け物がないとだめなんだ」と彼は言った。長く続く栄養失調のせいで、ある種の興奮剤への抑えきれない欲求が生まれるらしい。それを子供は漬け物で満たしているのだ。一方、同じ理由で大人はしょっちゅうウイスキーに手を出す。

しかし、こうした漬け物を食べ続けるリスクへの懸念は、無視された。漬け物や郷土料理を売るドイツ式のデリカテッセンが繁盛し、大勢の常連客を惹きつけた。東ヨーロッパの食習慣は文化の壁を越え、なかでもニンニクのきいたコーシャ・ディル・ピクルスはその代表格だった。いつしか塩漬けビーフとコーシャ・ディル・ピクルスは、個々の民族とその融合、両方のシンボルとして、アメリカの伝統的な食事には欠かせないひと皿になっていた。いまやコーシャ・ディル・ピクルスはアメリカ各地で作られ、食されている。漬け物愛好家の間では、中身がはみださんばかりのデリのサンドイッチの究極の具材とみなされている。

19世紀半ばまで、漬け物は大半が家庭の手作りだった。商売用の漬け物は、漬け込んだ樽

シカゴ・スタイルのホットドッグに入った細長いディル・ピクルスと、みじん切りの甘いピクルス。

から直接売れる食材に限られた。また、瓶詰にするにはひとつひとつコルクと針金で封をしなければならず、時間がかかるこの工程を手作業でこなす小規模な業者しか製造できなかった。しかし1858年、ジョン・L・メイソンが気密性の高いガラス容器の特許を取得し、漬け物作りが大きく変わる。このガラス容器はメイソン・ジャーと呼ばれ、蓋は金属製でゴムパッキンがついていた。そのおかげで使い勝手が良く、しかも丈夫だったので、家庭の保存食作りにもってこいだった。一方工場では、金属製の蓋の発明と、食材の手早い殺菌方法の発見が相まって、瓶詰の大量生産が可能になった。これ

ミセス・フィデル・ロメロご自慢の漬け物と保存食。ニューメキシコ、1946年。金属製の蓋付きメイソン・ジャーのおかげで、家庭でも簡単に漬け物が作れるようになった。

は最高のタイミングだった。南北戦争のさなか、遠く離れた南部で闘う北軍兵士の食料を確保するために、瓶詰食品の需要が高まったのだ。戦争が終わるころには、南軍の兵士も北軍の兵士も瓶詰の食べ物や漬け物を口にしていた。味も良く手軽だったので評判になり、需要が急増した。19世紀末までに、漬け物製品は自家製の漬け物に取って代わり、漬け物や保存食品を扱う小規模な会社が無数に誕生した。

　1869年、ヘンリー・ジョン・ハインツとL・クラレンス・ノーブルが、ペンシルヴェニア州シャープスバーグで事業を起こした。「衛生的で最高品質の」セイヨウワサビの漬け物を製造するためだ。製品は品質の高さを強調するために、透明ボトルに入れられた。ほんの４００平方メートルほどのセイヨウワサビの畑から始まった会社はみるみる商品を増やし、キュウリの漬け物やザウアークラウトも作り始める。１８７６年には、世界初の商品となるスイートピクルス（甘酢漬け）とトマトケチャップを世に出した。世紀の変わり目までに、Ｈ・Ｊ・ハインツは世界最大の漬け物《ピクルス》製造会社になっていた。ハインツの主力商品であるキュウリのピクルスが、史上最大の広告革命にもつながった。ハインツのロゴ入りのキュウリ形バッジ、「ピクルス・ピン」が誕生したのだ。１８９３年に開催されたシカゴ万国博覧会では、１００万個以上のピクルス・ピンが配られ、来場者をハインツの展示場へ誘導した。このバッジは会社の顔となり、いまだに製造されている。現在までに合計５０００万個以上のハインツのロゴ入りのピクルス・ピンが配布されている。

ノースカロライナ州マウント・オリーブは、農業が中心の小さな町だ。ここでキュウリが大豊作になったことで、もうひとつの巨大ピクルス企業が誕生する。１９２６年、レバノンからの移民シクリー・バドアが町の余剰キュウリを買い上げてピクルスにし、それを別のピクルス会社へ売って瓶詰と宣伝販売を任せることを思いつく。ピクルスの買い手はみつからなかったが、これをチャンスと踏んだ地元のビジネスマンたちがマウント・オリーブ・ピックルス・カンパニーを起ち上げ、キュウリのピクルスを瓶詰にして売ることにした。

休憩中にピクルスを持ってポーズを取る、当時世界的に有名だった高飛び込み選手ベアトリス・カイル。1924年、ヴァージニア州フォートマイヤー基地で行なわれた陸軍救済基金の興行のひとこま。

１９５０年代には、会社はキュウリのピクルスの研究開発を主導し、アメリカ農務省と緊密に手を組んでいた。その成果によって、業界全体の生産技術も向上した。現在マウント・オリーブ社は、アメリカでベストセラーのキュウリのピクルスのブランドだ。

20世紀初頭の数十年以来、アメリカは漬け物の新たな製造方法を開拓してきた。塩水や酢に漬け込む伝統的な方法に替わって浸透したのが、低温殺菌や冷蔵保存の技術だ。アメリカで人気の漬け物の多くはこの手法で生産される。トウガラシ、オクラ、スイカの皮、野菜ミックス、ごく小粒のカクテルオニオンやオリーブ等はその好例だが、もっとも大きな変化を遂げたのは、アメリカで人気の漬け物、キュウリだ。元の塩漬けから、砂糖で甘味を加えた調味液に漬け込まれるようになったのである。「ブレッド・アンド・バター」と呼ばれる甘酸っぱいピクルスの人気の立役者は、イリノイ州のキュウリ農家、オマーとコーラのファニング夫妻だ。経済的に困窮していたファニング夫妻は、並より小さめのキュウリを薄切りにしてスパイスのきいた酢とシロップに漬け込んだ。このレシピは夫妻の考案ではなく、とくに珍しいものでもない――同じ漬け物が『植民地の食事 *The Settlement Cookbook*』にすでに登場している――が、名称は夫妻のアイデアだ。１９２３年、ふたりは「ファニング・ブレッド・アンド・バター・ピクルス」の商標を登録した。濃いシロップに漬け込まれた甘いキュウリのピクルスは、近年の発明だ。

伝統的な醱酵漬け物であるサワーとハーフサワー、コーシャ・ディル、そしてポーランド移民のピクルスに加えて、低温殺菌や冷蔵技術を用いたピクルスも誕生した現在、キュウリのピクルスはじつに多種多様だ。砂糖やハチミツ、コショウ、ニンニクで風味づけした甘いもの、辛いもの、スパイスがきいたもの、それを薄切りやさいの目切り、みじん切りにざく切り、さらには縦長に切って楽しむことができる。アメリカでは、少なくとも36種類のキュウリのピクルスが存在する。

第6章◉アジアから大西洋へ 貿易と大国

南アジアのエキゾチックな漬け物や薬味は、イギリスでもアメリカでも料理集のなかで驚きをもって紹介されてきたが、その功績は忘れられがちだ。この章は貿易、大国、発明についての物語であり、西欧の料理が東洋生まれの漬け物やチャツネ、ケチャップを貪欲に吸収した理由を探る物語でもある。ピカリリーは、そのマスタードがきいたソースともども、インドの漬け物を真似る過程でイギリスの料理人が発明した。一方、アメリカの調味料でもっとも人気があるトマトケチャップが存在するのは、17世紀に東南アジアからスパイス・ルート［インド洋を中心に東西を結んだ海上のルート］で運ばれた刺激の強いソースのおかげである。

◉インド

過去の王宮の宴の記録を見ると、漬け物が数世紀にわたりインド料理で重要な役割を果たしてきたことがよくわかる。11世紀の手稿では、カリラ（学名 Capparis decidua）やカリッサ（学名 Carissa carandas）という香り高い果物の漬け物が紹介されている。12世紀の後期チャールキヤ朝の君主ソメシュヴァラ3世は、ヤムイモ、牛乳を凝固させたカード、果汁を使った酸味のある薬味の調理法を彼の百科事典『マーナソーラサ *Manasollasa*』（「心の清涼剤」の意味）に載せている。一方、ネミチャンドラのエロティックな小説『リラーバティ *Lilāvati*』（1170年頃）に登場する架空の王ニラーパティは、樟脳《しょうのう》で風味づけした果物、野菜、植物の根の漬け物をハスの葉に載せて楽しんだ。

紀元前600年頃、アーユルヴェーダ——「生命の知恵」の意味——が食事における漬け物の価値を確立した。それによると、バランスの良い食事には6つの基本的な味《ラサ》があるとされる。マドゥー（甘味）、アムラ（酸味）、ラヴァナ（塩味）、カトゥ（辛味）、テクタ（苦味）、そしてケシャイ（渋味）だ。古代インド人は、肉などの甘いものから食事を始め、つぎに塩味と酸味のものに移り、辛味、苦味、渋味を持つとされる食べ物で締めくくった。当時の記録には、酸味のある糊状の飯や酢に漬け込んだマンゴー、キュウリ、タマリンド［マ

アジアでは、塩水や酢の代わりにマスタードオイルやごま油で漬け物を作る。このざく切りにした未熟なマンゴーは、塩と香辛料をまぶしてからマスタードオイルを注ぎ、常温で醱酵させる。

メ科の植物の果実」の薬味の記述がある。この食習慣は数世紀続いた。17世紀の作家、アナジは、「やわらかいマンゴーの実と瑞々しい緑色を保った茎の漬け物、そしてかすかな酸味と塩気のある野菜」の食事を描写した。インド南部にはバナナの葉に盛りつける料理が、東インドには金属製の皿で出されるターリーという小分け料理があり、どちらも6種類の味を楽しむことが可能だ。

グルリンガ・デーシカによる16世紀のカンナダ語の手稿『リンガ・プラーナ *Linga Purana*』（1594年）では、50種類以上の漬け物が紹介されている。レモンやライム、ナス、トウガラシ、タマネギといった漬け物だが、現在も

スイート・レモン・ピクルス。甘味と辛味、酸味の混じった味わいがインド南部では人気が高い。

一番人気のマンゴーの漬け物も登場する。未熟で小振りのマンゴーを丸ごと漬けたもので、大きくやわらかい実から種を取り除いてマメ科のフェヌグリーク、マスタードシード、セリ科のアサフェティダ、トウガラシを詰める。このスタッフド・マンゴーは植民地インドからイギリスに渡った漬け物のひとつで、本国の食卓で大歓迎された。『リンガ・プラーナ』はほかにも、ヒツジ、イノシシ、エビ、魚の漬け物に言及している。パンジャブ州で馴染みの加熱済みの肉の漬け物や、より広い地域で作られる魚の漬け物は、8世紀以降アラブ人とペルシア人につぎつぎと侵略された際にもたらされたのかもしれない。漬け

インド、ビハール州のマンゴーの漬け物は、ざく切りのマンゴー、ホワイトマスタード、カロンジシード［キンポウゲ科の植物ニゲラサティバの種子］、レッドチリパウダー、岩塩で作る。

物を意味するヒンディー語、アチャール（achar）は、一般にペルシア語が語源だとされる。その時代に記録された漬け物の作り方は、現在までほとんど変化していない。特徴は、従来の塩水や酢ではなく、インドやパキスタン、バングラデシュ特有のマスタードやごま油に漬ける点だ。マスタードオイルは北部や東部で使われることが多く、ごま油は南部や西部でよく使われる。漬け物作りの仕上げに材料を入れた容器を日向に置いて熟成させるのは、「火を使わずに調理する」儀式に忠実であるためで、火の代わりに強烈な太陽光で細菌やカビの胞子を殺して腐敗を防ぐ。

漬け物は長期保存できるが、もうひとつの伝統料理、チャトゥニーことチャツネは早めに食べるタイプの漬け物で、できたてを食べることも多い。たくさんの果物と野菜、シード類、ナッツで作るチャツネは、じつに種類が豊富だ。材料は、薬味のようにざく切りにしても、ペースト状に細かくしてもよい。ハーブや香辛料もお好みで。味も甘味や酸味が強いものから辛味がきいているものまでさまざまで、加熱する場合もあれば生のままの場合もある。サワーチェリーとハスの茎のチャツネは、北部のカシミール地方の特産だ。プラム、イチジク、アプリコット、リンゴのチャツネは、東部ベンガル地方でよく食されている。甘いマンゴーは西部で一般的で、ココナツは南部、魚やエビのチャツネはインドの南西部先端で人気が高い。北東部では、チャツネをじっくり熟成させる伝統がある。加熱して醗酵させた大豆や醗酵させた魚に塩とトウガラシを混ぜて作り、これが日持ちのしないチャツネの代わりになっている。

かつてインドのイスラム教徒のあいだでチャツネが食材としても文化としても重要なことを示す出来事があった。イスラム暦で1月に当たるムハッラムの行事の際に、チャトゥニー・シャーというコミック・キャラクターが誕生したのだ。その腰につけた小さなすり鉢と手に持った乳棒で、彼が何者かひと目でわかった。ジャファー・シャリーフは１８６３年の目をみはるような光景を記録している。

彼はすり鉢に少量のショウガ、ニンニク、タマリンド、トウガラシ、砂糖菓子、マジューン［大麻入りの菓子］、バングー［飲食物に混ぜる大麻］、要するに食べられるものを何でも入れると、歌いながらすりつぶし始めた。「いま作っているのはカジー・チャツネ！」「これはコチオール・チャツネ！」「今度はソーブリダー・チャツネ！」「いちばんおいしいチャツネ！」「チャツネ万歳！」（中略）ときおり、見物している男も女もひと口くれと言う。さまざまな食材でできているので、そのときはとても良い味がするが、マジューンやバングーが混ぜられると、人を酩酊させる食材に慣れていない若者や老人はとたんに強い影響を受けて、数時間も意識を失って寝込んだり、話が支離滅裂になったりする。(1)

インドの漬け物とチャツネは、17世紀の終わり頃イギリスにもたらされ、その後アメリカへも渡る。異国の食材と際立った風味が両方の国のキッチンに刺激を与え、料理を様変わりさせた。辛い漬け物や薬味、調味料が考案されたのもその影響で、現在に至るまで作られ続けている。

◉イギリス

イギリス人は漬け物の象徴のような存在だった。漬け物を意味するpickleという言葉が初めて英語に登場するのは1400年頃で、オランダ語のpēkelからの派生だ。当初は肉にかける香料のきいたソースを意味したが、やがて食品を保存する塩水や酢を意味するようになった。イギリスで酢漬けが大流行した17世紀は、国内外で新たな試みや改革が押し進められ変化が訪れた時代だった。16世紀末に家庭菜園が広まり始め、収穫した作物を保存する必要性が生まれた。一方、インドとの交易で仕入れた異国風の漬け物が食卓に並ぶと、ただ食べるだけからやがて似たようなものを作るようになった。漬け物は料理人にとって非常に貴重だった。冬場のサラダに使ったり、肉や野菜の煮込み料理に混ぜて辛味を加えたりしたほか、現在と同じく薬味としても重宝されたのだ。

当時の料理本は、漬け物の作り方や、酸味の強いワインやエールビールからエール酢を作る方法にかなりのページ数を割いている。漬け物にふさわしいハーブや野菜のリストは果てしなく長かった。アーティチョーク、アスパラ、キュウリ、エンドウ豆、サヤインゲン、スベリヒユ［スベリヒユ科の植物］、キノコ類、レタス、チコリ、クリスムム、ビーツ、ゴボウ、サトウニンジン、白キャベツ、赤キャベツ、カリフラワーといった具合だ。直接酢に漬ける

イギリスの軽い昼食には、タマネギの漬け物、パン、チーズが欠かせない。

野菜もあれば、短時間塩水に漬けて香りを立たせてから使う野菜もあった。果樹園や温室の作物も漬け物に最適だった。小さな種ややわらかい果物は、かつてはシロップ漬けで保存されたが、酢漬けに合うとみなされるようになった。レモンは1世紀以上にわたり、丸ごと塩水に漬けるのが伝統だったが、香辛料や砂糖を入れた酢に漬けられ始めた。キバナノクリンザクラ［サクラソウ科の多年草］やカーネーションはワインビネガーと砂糖に、ローズヒップはエール酢と砂糖に漬けられた。典型的なイギリスの漬け物とみなされているにもかかわらず、驚くべきことに近世の料理本ではまったく扱われていないのがタマゴの漬け物だ。だがイザベラ・ビートンの『家政読本 *The*

Book of Household Management』（1861年）を読めばどんなものだったかがわかる。ビートンは固ゆでタマゴを黒コショウ、ショウガ、オールスパイスとともに酢に漬けて、読者にこうアドバイスしている。「タマゴの漬け物を常備しておけばとても便利だ。コース料理のひと皿目やふた皿目の添え物としても使える」

17世紀後半になると、インドの風変わりな漬け物がイギリスにもたらされた。タケノコもめずらしかったが、マスタードシードとスパイスで辛味をきかせたマンゴーの漬け物に人々は心躍らせる。こうしためずらしい食材は注目の的で、どのような味がするのか、みな興味津々だったのだ。料理人たちはこの南アジアの斬新な料理を再現しようと試みる。まずやわらかいニワトコ［スイカズラ科の樹木］の若芽をショウガやスパイスとともに酢に漬けて瓶詰にした。これは「イギリス風」タケノコ、あるいは「タケノコもどき」の漬け物と言っていいだろう。一方で、丸ごと「マンゴーもどき」の漬け物に使ったのは、キュウリ、メロン、モモだった。ジョン・イーヴリンは著書『アケーターリア　サラダ論議 *Acetaria : A Discourse of Sallets*』（1699年）で、「キュウリのマンゴー漬け」を作っている。大きめのキュウリを選んで丁寧に縦に切り、種をスプーンで取り除いてニンニクまたはラコンボシード（野生のタマネギ）を詰める。キュウリを容器に入れ、香辛料を加えて熱した酢の漬け汁を注ぎ、最後に「最高のマスタードをスプーンにたっぷりひとすくい」入れる。目新しさから

タマゴの漬け物は、イギリスのパブやフィッシュ・アンド・チップスの店の伝統メニューだった。つまみとして、ビールやシードルとともに流し込まれる。

始まった模倣だったが、その魅力は衰えることがなかった。マリア・ルンデルは『新しい料理方法 *A New System of Domestic Cookery*』（1806年）で、「メロン・マンゴー」を同じような方法で作っている。この流行は北米へも渡った。イギリスでは、現在もインドの漬け物が大人気だ。マンゴーの漬け物、ナスの漬け物、そして酸味に思わず口がすぼまるライムの漬け物がいまだにインドから輸入されている。

　インドそっくりの漬け物を作りたいというイギリス人の情熱が最高の形で実を結んだのが、ピカリリー――酢とマスタードの調味液に漬けた歯ごたえのある野菜――だ。アン・ブレンコウ夫人は1694年に自ら著した料理本で、「ピックル・リラ、インドの漬け物」のレシピを初めて紹介した。大量のニンニクとショウガ、キャベツ、カリフラワー、セロリ、サヤインゲン、アスパラ、コショウに塩をふって天日干しにしてから、すりつぶしたマスタードシードと粉末ターメリックを加えた酢入りの塩水に漬け込む。一風変わった作り方がいかにも本場風に見えたため、この独特な「インドの漬け物」はイギリスの漬け物の定番として長く残ることになった。ロンドンの批評家エニーズ・ダラスは、『ケトナーのテーブル本 *Kettner's Book of the Table*』（１８７７年）で、イギリス人の好みの変化をこう表現している。「いま最高の漬け物の盛り合わせと言えば（中略）あの見るもなさけないピカリリーとかいう混ぜ物が出てくる」。ダラスが嘆いたのはピカリリーだけではない。「東インドの漬け物——カレーが入った受け入れがたい奇妙な混ぜ物で、辛味、甘味、酸味、そして苦味がそろった驚くほど乱雑な味——が、すっかり流行になった」

19世紀には、漬け物の商品化が始まり、漬け物の種類自体は減っていく。ロンドンは漬け物産業の中心地だった。１８９６年の『食料品商手引き書 *Grocer's Manual*』には、「田舎の人々までロンドンの漬け物を買わねばならないとは、驚きだ」との記述がある。ロンドン近郊ではタマネギやキュウリが栽培された。

一方フランス、オランダ、アメリカでも、ガーキン（小振りのキュウリ）、キュウリ、タマネギ、カリフラワーを栽培し、塩水に漬けてイギリスへ輸出した。漬け物盛り合わせ、キュウリやタマネギの漬け物、そしてピカリリーを求めるイギリス人の底なしの食欲を満たすためだ。工場製の漬け物は品質が悪いことも多かった。低品質の野菜と大量生産の酢酸と水で作られ、「人目を引くように着色」されたためだ。しかし、それはまだましなほうだった。キュウリ、サヤインゲン、コショウ、クリスムムは漬け物にすると色あせる。漬け物が食欲の湧かない灰色になるのを防ぐひとつの方法が、煮立てた酢を野菜の上に繰り返しかけることだった。だが漬け物業者は、もっと手早い方法を用いた。商品に銅を加えたのだ。野菜を銅鍋に入れた酢に漬けたり、そのままゆでたりしたのだが、「ブルーストーン」（硫酸銅）を加えることもあったようだ。そうすると銅が酢に反応して、野菜が「鮮やかな緑色」に変わる。この見た目の美しさへのこだわりの代償は高くついた――緑青中毒である。化学者フレデリック・アークムは、『食品の混ぜ物処理および調理の毒物 *A Treatise on Adulterations of Food and Culinary Poisons*』（１８２０年）を著し、つぎのように暴露した。

ドクター・パーシヴァルによると、「身なりの良い若いご婦人がいた。彼女は銅で処理されたクリスムムの漬け物が好きだったが、やがて胃の痛みを訴えた。５日後、嘔吐を始め、それは２日間続いた。その後、彼女の胃は巨大にふくらんだ。そして漬け物を食べてから９日後、死によって苦しみから解放された」

その後、銅の添加物が禁じられるまで、30年もかかる。

漬け物は食事の薬味や箸休めになるだけではなく、豚や牛の塩漬け、漬け魚等、かなり食べ応えのある料理にもなる。『田舎の主婦の友 *The Country Housewife's Family Companion*』（1750年）の著者、ウィリアム・エリスは、塩水に漬けた豚肉のおいしさをことさら強調した。「厳選した豚」の肉は口に入れると「やわらかく、うっとりするほど美味である」と述べている。ロンドンではソルト・ビーフと呼ばれていた塩漬けの牛肉も同じ方法で作られた。この漬け物は、粗塩と硝酸カリウム、黒砂糖、ローリエ、セイヨウネズの実、そしてスパイスを組み合わせることで牛肉がとてもやわらかくなり、風味も増した。ソルト・ビーフは20世紀初頭のロンドンやニューヨークでユダヤ人が営むデリカテッセンの中心商品になり、その流行は現在も続いている。

それより前の時代、ハナー・グラスは『簡単でわかりやすい料理法 *The Art of Cookery Made Plain and Easy*』（1758年版）で、生の牛肉に塩をふり、酢とともに樽に入れるレシピを紹介した。そうすると「漬け汁の中で1年は持ち、まめに手を掛ければ東インドまで運べる」という。当時、船旅には漬け物が欠かせなかった。魚を漬ける技術は、食べ物以外のものにも応用された。1610年、イギリス海軍大将サー・ジョージ・サマーズがバル

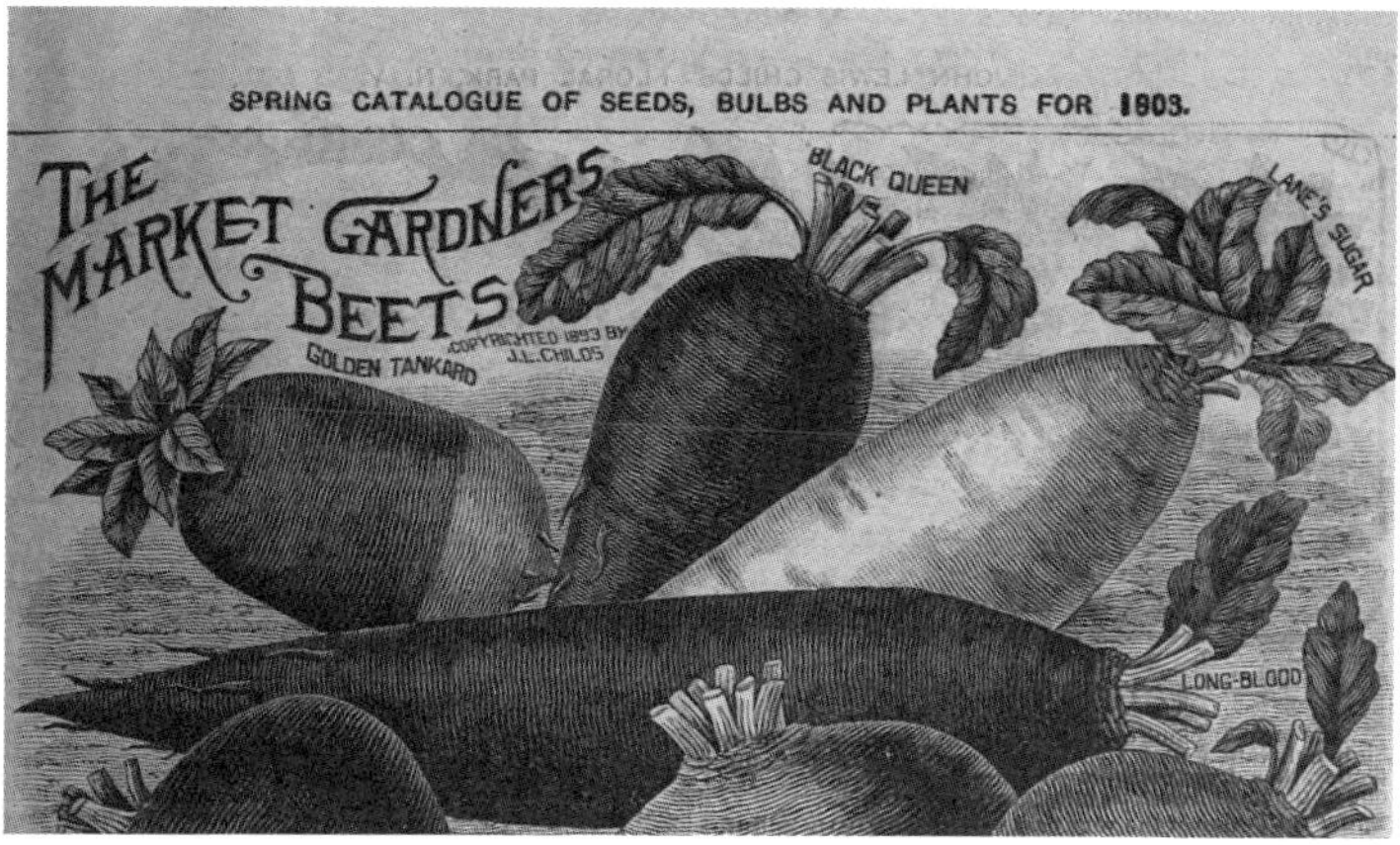

漬け物用のさまざまなビーツ。カタログにはこう書かれている。「ビーツを漬けた酢に、固ゆでタマゴを漬けても良い。タマゴに美しい色とかぐわしい香りがつく」。ジョン・ルイス・チャイルズの1903年春のカタログより。

バドス島で亡くなった。一説では「豚肉を食べ過ぎたため」とも言われている。彼の心臓は島に埋められたが、遺体は生まれ故郷の港町ライム・リージスに持ち帰られた。樽に入れられ、塩漬けにされて。

『ご婦人の喜び *Delightes for the Ladies*』（1602年）の著者、サー・ヒュー・プラットは、塩漬けや酢漬けにした調理肉の「秘密」を初めて明らかにしたひとりだ。プラットは著書でワインビネガーに漬けたローストビーフを紹介し、長期間「傷まず、味も良い」まま持つと請け負った。漬けた肉を薄くスライスしてさらに酢をかけて供すると、味蕾《みらい》を刺激するつけ合わせとして評価された。野菜の漬け物と同じように「豪華なサラダ」にもなった。

　小鳥の漬け物は、かなり独特だ。イライザ・スミスは『家事大全 *The Compleat Housewife*』（1727年）で、食材にスズメを使っている。スズメをゆでて、ライン川流域のワインと白ワインビネガーで作る濃厚な漬け汁に漬け、「塩をたっぷり」加え、香草やスパイスで味を調える。漬け汁に漬けたままにしておくと、スズメはしばらく持つそうだ。スミスは「骨が溶けると食べ頃なので、磁器の皿に載せ、お手製の漬け物と混ぜて召しあがれ」と勧めている。

イギリスでは、鉄道の出現で新鮮な魚を素早く輸送できるようになるまで、魚やエビ、カニの塩漬けがごく当たり前の食べ物だった。樽で塩漬けにされたのは、ニシン、サーディン、スプラットイワシ、キュウリウオ等で、最後のふたつは輸入されるアンチョビーの代用として使われた。カキ、ザルガイ、イガイ、タマキビガイは、酢と香辛料をふり、貝自体から出る水分に漬け込んだ。エビにはエール酢と塩が使われた。エール酢は、樽いっぱいに詰められてロンドンへ送られる有名な「ニューカッスル・サーモン」の非公表の調味液にも使われていると暴露された。このサーモンは、大量の塩、ビール、水で加熱し、その後エール酢と香辛料に漬けると1年は持ったという。19世紀初頭まで、貧しい人々にとってなくてはならない食事だった。富裕層は油で揚げた新鮮な魚を白ワインビネガーに漬けるのが好みだった。サー・ヒュー・プラットは「いつでも、好きなときにテーブルに出すまで保存できる」と勧めている。ローマ人やアラブ人もこの漬け方を知っていた。スペインへ持ち込んだのは彼らだ。イギリスへはどのように伝わったのか、この漬け方だけが伝わったのか、ほかの調理法もいっしょだったのかは定かではない。その後、ハナー・グラスが『簡単でわかりやすい料理法 *The Art of Cookery Made Plain and Easy*』（１７４７年）のなかで同じ方法でタイセイヨウサバを漬け込み、「キャヴィーチ」と名づけた。こうした漬け魚は前菜や薬味、つけ合わせとして頻繁に食卓を飾った。塩漬けのニシンもロールモップも、前菜やつけ合わせとして現在もメニュー表に載っている。

リチャード2世の時代の宮廷料理の本には、大昔のイギリスのチャツネの作り方が載っている。『料理の本 *The Forme of Cury*』（１３９０年）に何の気無しに目を通した読者がそれを無視したとしても、仕方がないだろう。なぜなら、あまり期待の持てない「混合物」というタイトルで掲載されているからだ。チャツネを作るために、リチャード2世の料理人たちは白カブ、サトウニンジン、ラディッシュ、そしてセイヨウナシを用意した。それらをぶつ切りにしてゆで、冷めてから塩、酢、香辛料、サフランをまぶしひと晩寝かせる。翌日ギリシアワインとハチミツ、ロンバルディア・マスタード、レーズン、アカスグリの実、クルミ、香料、アニスシードとフェンネルシードを加えてよく混ぜる。できあがった混ぜ物は陶器の壺で保存され、いつでも好みのタイミングで食された。この手の込んだ混ぜ物の起源は古代ローマまで遡り、美食家アピキウスがカブをハチミツと酢に漬け込む簡単なレシピを紹介していた。

イギリスでチャツネ人気が高まるのは、もっとあとの時代だ。植民地支配の初期にインドの薬味に遭遇し、流行に火がついた。インドのエリート層は朝食や夕食に漬け物とチャツネをカレーやケバブ、魚や鶏肉のフライに添え、あっさりした米やレンズ豆にアクセントをつけた。こうした香辛料のきいた辛いペーストやつけ合わせの魅力は、F・ウォードの『インドとヒンドゥー教徒 *India and the Hindoos*』（1850年）でも語られている。「食事は（中略）漬け物やチャツネといった薬味のおかげでいっそう美味になる。薬味類はインドの食欲旺盛な美食家を魅了してやまない」。イギリス人はこの刺激的な味をなんとか真似て作ろうとした。その結果、異国の食材とイギリス人のビネガー好きが一体となり、イギリス生まれのインド風チャツネや漬け物のレシピが、植民地のイギリス夫人と料理人に向けた家事の本に登場した。インドのチャツネ――ヒンディー語のchatniを英語風に発音した語――がイギリスへ輸出され始めたのは、19世紀も終わりにさしかかる頃だ。生産は、東インド会社の拠点であるボンベイ、マドラス、カルカッタ（現コルカタ）に集中した。このインド生まれのイギリス風チャツネは、果物を主体に作るインドの元々のチャツネにヒントを得てマンゴーで作ることがほとんどで、甘味と酸味、辛味のバランスが取れたオリジナルの薬味よりも甘さが強調されていた。

1896年に出版された『ローの食品店の手引き *Law's Grocer's Manual*』には、ベンガル、カルカッタ、ハウラー、マドラス、カシミール、ラクナウ、ティルフット等で作られた、有名なインドの輸入チャツネがいくつも掲載されている。イギリス領インドとの関係を利用したコロネル・スキナー（スキナー大佐）やメジャー・グレイ（グレイ少佐）といったブランドも存在した。甘味の強い果物のスライスにスパイスをきかせた辛口のティルフットは、伝説に残る品だった。前述のローの手引きによると、「多くの人が最高のチャツネと考えて」いたそうだ。メジャー・グレイのチャツネは、現在もそのブランド名だけは残り、イギリスやアメリカ、インドのさまざまな企業で作られ続けている。ここで紹介するジョン・F・マッケイの滑稽詩も、このブランドにヒントを得て生まれた。

チキンであろうとマトンであろうと
はるかに美味だ、チャツネとともに出されると
これは永遠の謎ではないか
なぜメジャー・グレイ（グレイ少佐）はコロネル（大佐）にならなかったのか？

大元のレシピは、ベンガル槍騎兵《そうきへい》の士官が考案したと言われている。士官本人か、もしく

メジャー・グレイのチャツネは、19世紀末にもっぱらイギリス市場向けにインドで製造された。当時輸出された多くのチャツネ製品のひとつ。

はベンガル人の料理人が、典型的なチャツネの材料であるマンゴー、レーズン、ニンニク、トウガラシ、酢、ライム果汁とタマリンド果汁、塩、砂糖、それに香辛料を組み合わせ、口当たりの良いチャツネを生み出した。その後グレイ少佐が、イギリスの調味料製造業者でインドに進出していたクロス・アンド・ブラックウェル社に自分のレシピを売り渡した。

インドの輸入品にインスパイアされて、イギリスでもチャツネが作られたが、ローの手引きにはこうも記されている。「どの類似品も、広く知られた東洋の庭の食材を使った本物の香りには及ばない」。イギリス産のチャツネはマンゴーの代わりに果樹園の果物を使い、大量の砂糖を加えていたためだろう。

イライザ・アクトンは、著書『最新調理法 *Modern Cookery for Private Familirs*』（1845年）にベンガル生まれの「チャツネ・ソース」のレシピを掲載した。材料は、小粒で酸味の強いリンゴ、レーズン、黒砂糖、塩、ショウガ、粉トウガラシ、酢で、すべてクリーム状になるまでよくすりつぶして瓶に詰める。実際のところ、ベンガル人の料理人がこのレシピを知っていたかは不明だし、アクトン自身も本場のチャツネは知らなかったかもしれない。アクトンは、ソースを火のそばに置くか、または直射日光に当てて弱い熱にさらしておくと1～2週間は持つと助言した。いまは煮立ててから瓶詰にされているものの、材料は現在の甘酸っぱいリンゴチャツネに使われる食材と同じだ。

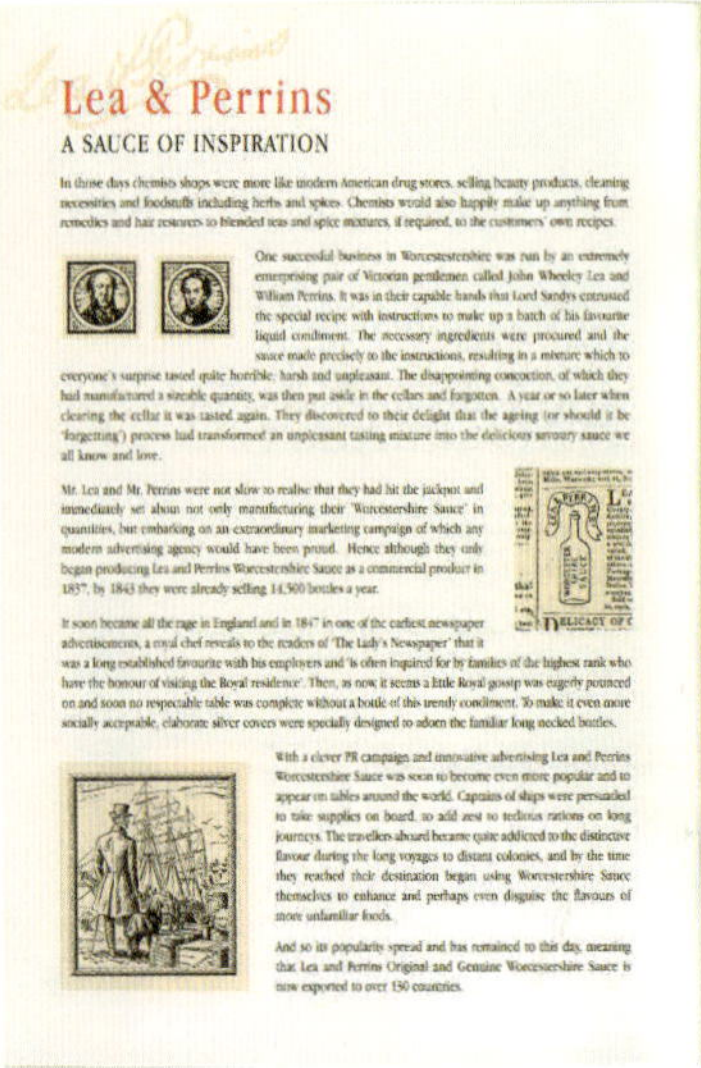

Lea & Perrins

A SAUCE OF INSPIRATION

In those days chemists shops were more like modern American drug stores, selling beauty products, cleaning necessities and foodstuffs including herbs and spices. Chemists would also happily make up anything from remedies and hair restorers to blended teas and spice mixtures, if required, to the customers' own recipes.

One successful business in Worcestestershire was run by an extremely enterprising pair of Victorian gentlemen called John Wheeley Lea and William Perrins. It was in their capable hands that Lord Sandys entrusted the special recipe with instructions to make up a batch of his favourite liquid condiment. The necessary ingredients were procured and the sauce made precisely to the instructions, resulting in a mixture which to everyone's surprise tasted quite horrible: harsh and unpleasant. The disappointing concoction, of which they had manufactured a sizeable quantity, was then put aside in the cellars and forgotten. A year or so later when clearing the cellar it was tasted again. They discovered to their delight that the ageing (or should it be 'forgetting') process had transformed an unpleasant tasting mixture into the delicious savoury sauce we all know and love.

Mr. Lea and Mr. Perrins were not slow to realise that they had hit the jackpot and immediately set about not only manufacturing their 'Worcestershire Sauce' in quantities, but embarking on an extraordinary marketing campaign of which any modern advertising agency would have been proud. Hence although they only began producing Lea and Perrins Worcestershire Sauce as a commercial product in 1837, by 1843 they were already selling 14,500 bottles a year.

It soon became all the rage in England and in 1847 in one of the earliest newspaper advertisements, a royal chef reveals to the readers of 'The Lady's Newspaper' that it was a long established favourite with his employers and 'is often inquired for by families of the highest rank who have the honour of visiting the Royal residence'. Then, as now, it seems a little Royal gossip was eagerly pounced on and soon no respectable table was complete without a bottle of this trendy condiment. To make it even more socially acceptable, elaborate silver covers were specially designed to adorn the familiar long necked bottles.

With a clever PR campaign and innovative advertising Lea and Perrins Worcestershire Sauce was soon to become even more popular and to appear on tables around the world. Captains of ships were persuaded to take supplies on board, to add zest to tedious rations on long journeys. The travellers aboard became quite addicted to the distinctive flavour during the long voyages to distant colonies, and by the time they reached their destination began using Worcestershire Sauce themselves to enhance and perhaps even disguise the flavours of more unfamiliar foods.

And so its popularity spread and has remained to this day, meaning that Lea and Perrins Original and Genuine Worcestershire Sauce is now exported to over 150 countries.

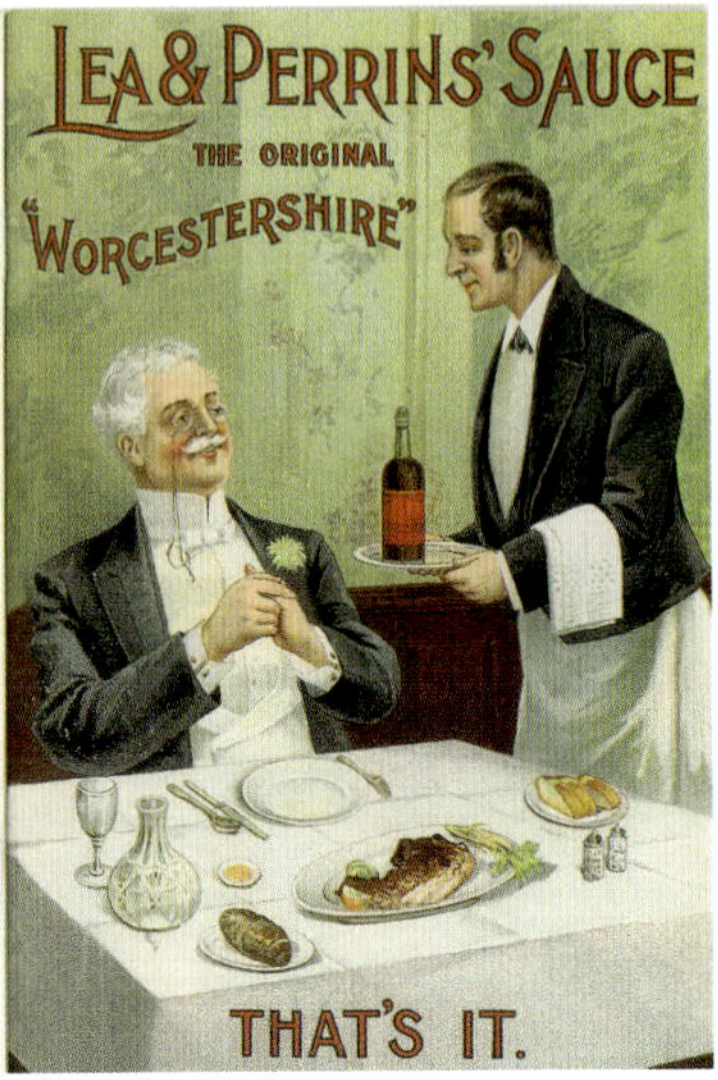

リー・アンド・ペリンズの「オリジナル・アンド・ジェニュイン・ウスターソース」は、ベンガルのソースが由来と言われ、酢漬けのタマリンドと塩漬けのアンチョビーが使われる。1800年代半ばの高級料理店では必ず供された。この広告によると、ウスターソースは王室でも使われたため、社会に広く普及し人気も高まった。

発音がイギリス風にチャツネと変化したチャトゥニーは、すぐにイギリスの食文化にも溶け込み、植民地との関係は忘れ去られた。田園地方伝統の保存食として生まれたリンゴのチャツネをはじめ、チャツネ風の市販品が数多く生み出された。なかでももっとも知られているのが、ブランストン・ピクルスだろう。スパイスのきいたミックス野菜のブラウンソース漬けで、初めて作られたのは1922年、スタッフォードシャーのブランストンという村だった。「HPソース」に代表されるスパイスのきいた茶色のテーブルソースの瓶詰も、インドの伝統に則った製品だ。渋味のあるインドの果物、タマリンドにさまざまなスパイスを加えて作る。リー・アンド・ペリンズの「オリジナル・アンド・ジェニュイン・ウスターソース」は、1835年にウスターシャーの薬剤師ジョン・ウィーリー・リーとウィリアム・ヘンリー・ペリンズが考案した。ふたりが元にしたのは、サンズ卿がベンガルで出合ったと言われている調理法だ。酢漬けのタマリンドや野菜、塩漬けのアンチョビーを混ぜ合わせたこのソースは、食べられる代物ではないと当初は捨て置かれた。数カ月後にあらためて樽をのぞいてみると、熟成が進んで具材がやわらかくなっていた。1837年、リーとペリンズはこの醗酵したソースをふたりの薬局で売り始める。現在のウスターソースは、瓶詰にする前に18カ月間熟成させている。

◉大西洋岸の漬け物　ケチャップ

野菜の漬け物から生まれた調味料はほかにもある――ケチャップ（ketchup）だ。ケチャップの物語は17世紀後半のイギリスに始まり、19世紀のアメリカで頂点に達する。その名称と原材料は、旧世界から新世界へ旅するあいだに徐々に完成していった。イギリスでは、キノコ類の漬け物から染み出す黒っぽい濃厚な液体が味の良い調味料になることに調理人たちが気付き、瓶詰にする者も現れた。この発見は、キャチャップ（catchup）と呼ばれる刺激の強い魅惑的なソースとの出合いと同時に起こった。東南アジアとのスパイス交易によってイギリスにもたらされたキャチャップが初めて英語の文献に登場するのは１６９９年だが、そこでは単に「東インド奥地のソース」と記載されていた。(2)

キャチャップという名称の由来は不明だ。同じく、このアジア生まれのソースの原材料も謎のままである。現在のタイのフィッシュソースのような、魚を塩水に漬けた一種の魚醤だったのかもしれないし、1種類ではなくいくつもの商品だったのかもしれない。この東南アジアの塩辛く奥深い味を再現したいとの願望から、イギリスの厨房ではさまざまな試みがなされた。キノコ類の漬け汁の味が輸入品にそっくりだったことも後押しになった。もっとも古い「イギリス風ケチャップ」が初めて登場するのは、イライザ・スミスの『家事大全

Compleat Housewife』（1727年）だ。スミスは、アンチョビー、タマネギの一種のエシャロット、白ワイン、酢、セイヨウワサビ、レモンピール、香辛料を用意した。これらの材料を混ぜて煮立て、瓶詰にする。1週間寝かせるあいだ、毎日瓶を振る。このレシピはほかの料理本の著者の目にも留まったらしく、当時のじつに多くの料理本に登場した。

18世紀から19世紀へ時代が進むにつれて、もっと濃厚なケチャップ（catchupまたはcat-sup）が漬け物で馴染みの食べ物から考案された——最初はキノコ類から始まり、すぐに青いクルミ、アメリカニワトコの実、キュウリ、ザルガイ、イガイ、カキが続いた。濃厚で複雑な味わいの調味液を作るために、塩水や酢に漬けたそれらの食材に、ストロングエール、赤ワイン、アンチョビー、ニンニク、セイヨウワサビ、シェリー酒またはポートワインを加える。最後に全体を漉して香りづけの材料は捨て、残った液体を煮詰める。こうしてできた芳しいケチャップは大流行した——この選り抜きの調味料があれば、日常の食事に香りやこくを加えることができたのだ。1780年のロンドンを舞台に描かれたチャールズ・ディケンズの小説『バーナビー・ラッジ』（1841年）では、腹を空かせたメイポール亭の主人、ジョン・ウィレットが、料理人に「(ケチャップをたっぷり塗ってパン粉をまぶした）ラム・チョップ」を出してくれと頼む場面がある。

ケチャップが大量生産されるようになると、ケチャップやケチャップをベースにしたソースのブランドが数多く生まれた。そのひとつがアンチョビー、ビール、シェリー酒で作られた「キャンプ」という商品だ。ほかにもエシャロットを入れた「マリン」、アメリカニワトコの実を入れた「ポンタック」、キノコとセイヨウワサビが特徴の「ウィンダミア」、ビールにアンチョビーとキノコの「ウルフラム」があり、「クイン」と「ハーヴェイ」はどちらもキノコケチャップがベースだった。こうしたソースはぴりっと辛い風味もさることながら、ケチャップ誕生のきっかけになった漬け物と同じく、長持ちすることも魅力のひとつだった。その保存期間の長さは、語り草だ。ハナー・グラスは『簡単でわかりやすい料理法 *The Art of Cookery Made Plain and Easy*』（1747年）にキノコ類の漬け物とアンチョビーで作ったケチャップを掲載し、自信満々に「20年持つケチャップ」と見出しをつけている。

料理の歴史には遅れて登場したものの、現在世界中でケチャップとほぼ同じ意味を持つのがトマトである。トマトケチャップが名声を博したのはアメリカだった。アメリカ人のケチャップ好きは、イギリス由来だ。イギリスの料理本はアメリカでも手に入れやすく、お手製のケチャップとのちに輸入された瓶詰のソースは、旧世界と同じく新世界でも人気になった。最終的に、ありとあらゆる果物で作られる北アメリカのケチャップの多様性は、イギリスをはるかにしのいだ。そして19世紀初頭にトマトが持つ可能性に気づいたのもアメリカの人々だった。

ハインツ・トマトケチャップの広告。アメリカ、1939年。

タバスコ・ソースのビクトリア朝風のトレーディングカード。1900年頃。

1804年、フィラデルフィアの卓越した科学者ジェームズ・ミースが、「ラブ・アップル（トマト）」は「おいしいケチャップ」になると述べた。6年後、ミースは世界初となるトマトケチャップのレシピを出版する。トマトを薄切りにし、塩をふってひと晩寝かせる。翌日やわらかくなるまで煮て、メースやオールスパイスで風味をつけ、エシャロット少々とブランデーとともに瓶に詰める。(3) ミースの作り方は当時のさまざまなレシピを代表するものだったが、従来の「キャチャップ」とはまるで似ていなかった。特筆すべきは、漬け物の調味液よりも濃厚なソースができた点だ。このような奇妙な出来だったにもかかわらず、トマトケチャップは当世風で、売れ行きも伸びた。catsup、catchup、ketchupと綴りはさまざまだったが——ketchupもすでに定着していた——ケチャップの呼び名はすぐに広まった。1830年にはすでに、トマトケチャップの商業生産が始まっていた。

初期のトマトケチャップのレシピはすぐに改良された。調味料がたっぷり加えられるようになり、タマネギ、エシャロット、ニンニク、コショウ、セイヨウワサビ、アンチョビーに加えてマスタードや黒コショウ、粉トウガラシ、オールスパイス、クローブ、ショウガが使われ始める。やがて防腐剤として酢も加えられるようになった。この元祖のトマトケチャップは、スパイシーで酸味が強かった。というのも、まだ最大の特徴である材料が加えられていなかったためである——それが砂糖だ。19世紀後半、トマトケチャップに黒砂糖を加えることが流行した。アメリカでは甘い食べ物が好まれることの反映だろう。この流れは、南北戦争後に工業生産が増加し、家庭で作るケチャップが目に見えて減ったことにより、いっそう加速した。

アメリカ各地で無数の企業がトマトケチャップ作りに乗り出した。H・J・ハインツ社もそのひとつである。ハインツがトマトケチャップの販売を始めたのは、1876年だった。当時の生産者がどこもそうだったように、ハインツも家庭的なレシピを用いた。20世紀が始まる頃には、ハインツは世界最大のトマトケチャップ・メーカーに成長していた。1907年には年間1200万本のケチャップを生産し、世界各地にケチャップを収めた木箱を送り出していた。イギリス、ヨーロッパ大陸、南アフリカ、南米、オーストラリア、ニュージーランドはもとより、世界でもっとも巨大な漬け物の産地にして消費地でもある中国や日本にも輸出した。

市販のケチャップの甘酸っぱい味は、鮮やかな色と強い粘性と相まって、アメリカの消費者の心をとらえた。伝統的なレシピは変化し、「改良」された。何より大きな変化は、砂糖と酢の使用量が数十年のあいだに大幅に増えた点だろう。こうしてトマトの甘味と酢の酸味が感じられる典型的な現代のアメリカのケチャップができあがったのである。

アメリカ南部では、もうひとつの世界的に有名な漬け物ソース、タバスコが誕生した。

1860年代後半、ルイジアナ州エイヴリー島のエドマンド・マキルヘニーが、赤トウガラシを使って猛烈に辛いソースを作り始めた。南北戦争後の問題解決の途上にあった南部の淡泊で単調な食事に、辛味でアクセントをつけるためだ。マキルヘニーは栽培していたトウガラシからもっとも赤い実を選び、すりつぶしてエイヴリー島の塩と混ぜ、大きな陶器の壺や樽に入れて30日間醗酵させた。そこにフランス産のワインビネガーを加え、さらに30日以上寝かせた。最後にソースを漉して小さな瓶に移し、コルクで栓をしてワックスで密閉した。マキルヘニーの辛いソースは家族や友人にとても評判が良かったので、彼は銀行家のキャリアを捨てて1868年に大量生産を開始、2年後に特許を取った。こうして誕生したタバスコは、現在もエイヴリー島でマキルヘニー一族の5代目が製造を手がけている。その工程はほとんど変わっていないが、熟成により時間をかけるようになった点だけが例外だ。現在は、塩と混ぜたトウガラシをホワイトオークの樽で最長3年間寝かせるそうだ。多くの漬け物と同じように、刺激の強い辛い味は、世界中で人気になった。現在、タバスコ・ソースのラベルは22カ国語で印刷され、180カ国以上に輸出されている(4)。

第7章◉現代の漬け物

漬け物は巨大ビジネスだ。２０１５年、世界の漬け物市場の取引額は１１０億ドル以上にのぼった。その4分の1を日本が担い、僅差でアメリカが追っている。この2カ国で世界の漬け物商品市場の半分弱を占め、そこに――それぞれはかなり小さな市場だが――メキシコ、ブラジル、ドイツを加えると世界のトップ5がそろう。

近年漬け物の需要が高まっているのは、サンドイッチ、ホットドッグ、ハンバーガー、ピザといったファストフードに添える薬味として人気が上昇しているためだ。それとは対極をなすように、醱酵食品の健康への利点も注目されている。自然醱酵させた漬け物は、いまも昔も世界各地の食文化に欠かせないひと皿なので、中国、韓国、インド、ロシアといった国々では家庭で漬け物を作ることが一般的だ。しかし日本やドイツでは市販品の市場も拡大している。アメリカだけが例外で、無醱酵で殺菌し酸味を加えた漬け物が市場を占める。その需

漬け物のパッケージには、ここ10年間で小さな革命が起こっている。より便利な食べきりサイズの漬け物パックや自立するパウチが登場した。また、伝統的なガラス容器に代わって、割れる心配がなく、しかも軽量で輸送コストも削減できるペットボトルも開発された。

要に応えるために大半の製品が輸入品だ。

アメリカ人はひとり年間4キロの漬け物を消費する。おもにキュウリとトウガラシの漬け物で、トウガラシにいたっては15種類以上の漬け物が存在する。アメリカでは、酸酵したキュウリの漬け物はおもにケータリング・ビジネスで売れ筋だ。ハンバーガーには伝統的なディル・ピクルスが欠かせないためである。

◉現代風の漬け物

アメリカは漬け物の商品化と改良の先頭を切ってきた――なかでも、伝統的な醱酵の過程を省き、短時間でできあがる新しい漬け物の作り方を考案したのは特筆に値す

漬け物の醱酵タンク。アメリカ、ノースカロライナ州。漬け物の大量生産は、漬け汁用の塩水に使われる塩が原因で、環境に影響を及ぼす。そのため企業は排水に含まれる塩の量を減らすさまざまな方法を模索している。塩水の再利用もそのひとつだ。

る。20世紀初頭、カリフォルニアの住人が非醱酵性の缶詰オリーブを開発した。この缶詰ひとつに、ふたつの新発明が隠されていた。醱酵を伴わないことと、未熟な青いオリーブが「完熟の」黒いオリーブに変わることである。工程は、昔ながらの方法で始まる。青いオリーブを水酸化ナトリウムに漬け込んで、苦味成分であるオレウロペインを破壊する。この渋抜きの工程を経ないとオリーブは食用にならない。その後はまるで錬金術だ。溶液に溶けこんだ酸素とナトリウムがタンクの中で発泡し、オリーブの皮に含まれるフェノール化合物がこれに反応して、表皮が緑から黒へ変わるのだ。こうしてできた「ブラック」オリーブを、塩水とともに缶に詰めてから加熱殺菌する。非醱酵性の加熱されたオリーブは、つるつると滑らかでやわらかく、石鹸のような香りも特徴で、世界のピザを飾っている。

20世紀は「フレッシュパック」の漬け物の到来も告げた。収穫直後の生野菜や果物を、酢とシロップを混ぜた調味液や塩水に漬けて瓶に詰める。風味の薄さを補うために、塩、砂糖、香辛料は多めに加える。容器は真空パックで低温殺菌するので、賞味期間が長くなるのも特徴だ。それに代わる方法が冷蔵製法で、生野菜を酢や酢酸、塩、香料入りの塩水に漬けて、急速に冷やす。野菜の新鮮さと歯ごたえは残るが、日持ちはしない。無醱酵タイプのザウアークラウトも工場生産されるが、伝統的なザウアークラウトの個性的な味わいや健康面への利点は失われる。アメリカでは、酢漬けの薄味のキャベツはホットドッグやサンドイッチの薬味として一般的だ。

21世紀になると、新たな系統の漬け物が出現した。糖分や塩分は控え目で、添加物が入っておらず、遺伝子操作がされていない有機農法の材料を使った商品を求める消費者の声に応じるためだ。2001年、アメリカ最大の漬け物メーカーのひとつ、マウント・オリーブ社は、砂糖の代わりに人工甘味料を使った「砂糖無添加」の商品を作り始めた。漬け物に大量に含まれる塩分への懸念から、新たなキュウリの漬け物も生まれた。伝統的な塩化ナトリ

自然食品の需要の高まりや、漬け物の健康効果への興味から、伝統的な醱酵漬け物を作る小規模な企業が急増している。

ウム（一般的な食塩）の代わりに塩化カルシウム（別タイプの塩）を使う手法だ。塩化カルシウムはキュウリのぱりぱりとした食感を保ち醱酵を早めるだけではなく、塩味も非常に強いため、わずかな量で漬け物に味をつけることができる。その工程は環境にとっても利点がある。塩化カルシウムは塩化ナトリウムよりも低汚染物質なのだ。環境への悪影響を最小限にするために、漬け物工場は使用済みの漬け汁を再利用したり、排水に放出する塩の量を制限したりする必要がある。塩化カルシウム廃棄物は、土壌活性剤として利用できる。

デルモンテのような名だたる企業が牽引するのは、オーガニックや非遺伝子組み換え材料の漬け物の分野だ。それは「自然な」あるいは「シンプルな」漬け物として市場に出回っている。高果糖コーンシロップ［トウモロコシから作られる糖液］

アメリカでは漬け物の漬け汁が飲み物や凍らせたアイスキャンディーとして販売され、人気のスポーツ選手支援商品になった。ボブズ・ピックル・ポップスは、アスリートのための筋肉「回復剤」としてマーケティングされている。

の代わりに砂糖が使われ、黄色の人工着色料の代わりにターメリックが、岩塩の代わりに海塩が使われることが多い。

　自然食品の流行の高まりを受けて、職人のような漬け物メーカーがアメリカ市場に参戦してきた。塩水に漬けて醗酵させた正真正銘の漬け物を提供する企業で、「リアル・ピクルス」、「ジェフズ・ナチュラル」、「オリーブ・マイ・ピクルス」といった都会的なブランド名を掲げる。どれも健康に良い自然食品を連想させるのが狙いだ。2000年以降、漬け物の漬け汁《ピックル・ジュース》の飲み物がスポーツ選手支援を謳《うた》って登場した。きっかけは、現在も語り継がれる「ピックル・ジュース・ゲーム」だと推測される。2000年9月、ナショナル・フットボール・リーグで、最高気温が40℃のなかフィラデルフィア・イーグルスがダラス・カウボーイズを41対14で破った試合だ。フィラデルフィア・イーグルスの選手はピックル・ジュースを飲んでエネルギーを補い、暑さ対策をして手脚の痙攣《けいれん》を予防していたのだ。さらに目新しいのがボブズ・ピックル・ポップスだ。このキュウリの漬け物の果肉と漬け汁を凍らせた氷菓は、アイスクリーム代わりの健康的なおやつとして宣伝された。考案者はテキサスのジョン・ハワードで、２００８年に売り出された。

◉ピックルバック

有名な都市伝説によると、「ピックルバック」――バーボンと、ショットグラスに注いだ漬け物の塩水を交互に飲む――という言葉は、ブルックリンの〈ブッシュウィック・カントリー・クラブ〉のバーテンダー、リジー・カニンガムが２００６年に生んだ造語らしい。ある夜、アメリカ南部出身の客がこの取り合わせをカニンガムに教えた。つまりはアメリカ南部発祥の飲み方なのだろう。漬け物とアルコールの取り合わせは、ほかでも見られる。たとえばロシアでは漬け物とウオッカが、メキシコでは漬け物とテキーラが組み合わされる。その夜カニンガムは、マクルア・スパイシー・ディルの漬け汁をチェイサーにしてオールド・クロウ・バーボンを10杯以上飲みほしたそうだ。塩水でバーボンの強い味はやわらいだが、心地よい刺激は残ったらしい。翌朝、二日酔いにならずに目覚めたカニンガムは、この組み合わせは売れると確信した――こうしてピックルバックがクラブのドリンク・メニューに加わった。ビックルバックは、その覚えやすい名前とともに、ブルックリンからまたたく間にニューヨーク全体に広まり、サンフランシスコやロンドンのバーへも伝わった。

ピックルバックは世界を巡るうちに進化した。バーテンダーは独自の組み合わせを考え、自分だけの特別な漬け汁を用意して客に提供した。つけ合わせにディル・ピクルスそのものを出す者もいた。ニューヨークの〈クロコダイル・ラウンジ〉では、ダーティ・サンチェス(エスポロン・テキーラにハラペーニョ・ピクルスの漬け汁)が出され、5番街の〈ブルトン・アンド・ワット〉では、ピック・ユア・ピックルバックが出される(タラモアデューというアイリッシュ・ウイスキーに伝統的な漬け汁やビーツの漬け汁、またはパイナップル、ミント、ハバネロの漬け物)。ロンドンでは、2011年にイギリスにピックルバックを紹介した〈ピット・キュー〉というレストランが、定番のアメリカのバーボンに、ハーブとスパイスをきかせた店特製のキュウリの漬け汁を合わせている。ピックルバックはパラグアイにも渡り、熱帯らしいひねりが加えられた――地元のラム酒がピックル・ジュースの相棒なのである。

◉漬け物と健康

漬け物の乳酸菌が健康に良いという説は、充分立証されている。自然醱酵の漬け物は身体に良い働きをする微生物《プロバイオティクス》や必須ビタミン、ミネラルが豊富だ。韓国の伝統的な白菜の漬け物、キムチを分析したところ、1グラム当たり約8億個の乳酸菌が含まれていた。それを食べることで胃腸の状態が良好に保たれ、消化も良くなり、健康的な身体を維持できることがわかった。キムチとザウアークラウトの栄養面の研究によると、18世紀に壊血病の予防効果が明らかになったことに始まり、新鮮な白菜やキャベツに含まれるビタミンA、B、C、Kといったビタミン類が醱酵の過程でも失われないことが判明している。[1] 医学的側面から見た場合、ビタミン、微量元素、酸化防止剤、グルコシノレートという植物性化合物の宝庫である漬け物には、老化防止作用や制癌作用が期待できるらしい。2005年のアメリカの研究調査は、ポーランド系移民がザウアークラウトを頻繁に食べることと、女性の乳癌のリスクが減少することには関連性があるとしている。[2] 韓国の研究者は、白菜キムチには老化防止、癌細胞の発生や転移の抑制、身体本来の免疫機能の活性化といった効果もあると述べている。2003年にアジアでSARS（重症急性呼吸器症候群）が大流行したときに韓国の人々がほとんど罹患しなかったのは、キムチのおかげだと言われた。[3]

しかし、身体に良いとは言え、食べ過ぎは禁物だ。中国やインド南部も含むアジア全域の研究では、漬け物の食べ過ぎは喉頭癌や胃癌のリスクを高めるとの結果が出た。近年のシンガポールの研究では、塩で醱酵させた野菜に広く親しんでいるシンガポールで野菜の漬け物を週に最低1回食べる人は、ほとんど食べない人に比べて鼻咽頭癌にかかるリスクが4倍に高まるとわかった。科学者は、塩漬け野菜に見られる発癌性物質が原因と推測するが、まだ詳細は不明だ(4)。通常、とくに西欧では、漬け物に含まれる塩分そのものが健康への懸念につながる。塩分の取り過ぎが高血圧や心臓病の原因になり得るためだ。

だが、身体の活動には塩も必要だ。塩は、体内の水分量を調整し、血液のpH値や神経インパルス、筋肉機能を整える手助けをする。漬け物の塩水が二日酔いにきくと認められているのはこのためだ。漬け汁を飲めばナトリウム、マグネシウム、カリウムを自然に補給でき、体内の電解質と水分量を回復できる。ドイツ人はさらに一歩踏み込んで、ロールモップというニシンの漬け物をカーターフリューシュトゥック――二日酔い解消の朝食――として提供する。漬け汁を飲むことは、アスリートの筋肉痙攣の予防にもなるのだが、そのメカニズムは二日酔いの場合とはかなり異なる。ノースダコタ州立大学の研究チームは、筋肉痙攣への効果を神経学的に解明した。キュウリの酢漬けの漬け汁を少量飲むと、85秒以内に筋肉痙攣が治まった。漬け汁が（おそらくそれに含まれる酢が）神経反応を引き起こし、それが痙攣する筋肉のアルファ運動ニューロンの興奮状態を鎮めるというのが、研究チームの見解だ。[5]

酢漬けの溶液は、血糖値のコントロールが求められる2型糖尿病患者にとくに効果があることがわかった。食事の前に酢漬けの調味液を飲むと、炭水化物が多い食事の直後に起こる血糖値の急上昇が抑えられるのだ。酢自体にこうした作用があることは知られているが、強い味やつんとする匂いが理由で、毎日飲み続けることは難しい。しかし、アリゾナ州立大学の調査では、糖尿病予備軍や2型糖尿病の患者は日々の食事に酢漬けの食品を取り入れるだけでも体調管理に役立つそうだ。[6]

◉これからの漬け物

今世紀、家庭で作られる漬け物が減り続けるなか、漬け物商品はますます増えていきそうだ。生活の都市化や豊かさの向上も理由のひとつだ。韓国ではこの傾向がすでに現れ、人々が地方から都会へ移動している。インド、ロシア、ブラジルでも同じ現象が起こるかもしれない。醱酵技術を改善するために、野菜醱酵の分子生態学的研究や、細菌の増殖と他の細菌との競争の数理モデルの構築が進んでいる。また、環境保全の一環として、密閉タンク技術を利用して廃棄塩を減らしたり、再利用される漬け物溶液から食品をやわらかくする酵素を除去して品質を高めたりもしている。まだ初期の段階だが、漬け物の風味に磨きをかける研究も始まった。酸味には驚くほど不明な点が多く、その生理学的、化学的研究によって、いずれは生産者が消費者の味覚を高め、漬け物を食べる喜びを増すことが可能になるかもしれない。

酸酵食品の漬け物は、多くの人々の食事や健康面に関わり、幸福な暮らしを提供している。ここ数十年で醱酵過程の仕組みがかなり解明されたため、醱酵食品や漬け物は食糧問題の解決策としても注目されるようになった。この活動にはふたつの側面がある。ひとつは、漬け物が基本食品である開発途上国で、漬け物の質を向上させるための技術開発。もうひとつは、漬け物がほとんど知られていない地域に漬け物を定着させるための調査だ。醱酵漬け物の強みは、高度な技術は使わず、低エネルギーの道具で、傷みやすい食品の賞味期限を延ばすことができる自然技術という点だ。冷蔵庫さえも必要ない。こうして見ると、醱酵食品の漬け物は、地球上で大きくなる食糧問題に対する現実的な答えになりそうである。

謝辞

多くの人々が私に手を差し伸べ、広大で複雑な漬け物の世界を案内してくれた。本書のために時間と情熱を捧げてくれた日本の倫理研究所のボルテール・カン、19世紀のメキシコ料理の専門家ブレンダ・ガーザ、ヘルシンキ大学の古典学者ドクター・アレクサンドラ・(サーシャ)・グリゴリーヴァ、そしてフードライターにしてアナトリアの食物史と郷土料理の専門家アイリン・エニー・タンには感謝の言葉もない。みな貴重な資料や翻訳済みのレシピを提供し、多くのアイデアを出して私を励まし、事実確認をしてくれた。日本、ラテンアメリカ、ギリシア・ローマ時代、ロシア、トルコの箇所は、彼らの知識のおかげでおおいに内容が充実した。シュマルツ・ヘリングに関するアドバイスをしてくれたナオミ・タドモア、スペインの特徴的なナスの漬け物「ベレンヘナ・デ・アルマグロ」について解説してくれたジャーナリストで作家のヴィッキー・ヘイワード、信頼の置けるレシピをみつけてくれた「フーズ・アンド・ワインズ・フロム・スペイン」(スペイン貿易投資庁)のマリア・ホセ・セヴィリヤ、その翻訳を助けてくれた同僚のアレックス・ホースバラにもお礼を述べたい。原稿を厳しい目で読んでくれた多くの方々、ロンドン大学バークベック・カレッジのデヴィッド・フェルドマン教授、私のパートナーのスティーヴン・ラム、イスタンブールのイェディテペ大学のオスマン帝国食物史教授オズゲ・サマンシ、ロンドン大学バーベック・カレッジのサミ・ズバイダ教授、そしてリアクション・ブックスの原稿整理編集者エイミー・ソーターに感謝を。さまざまな方面から提供されたじつに多くの図版ひとつひとつに、なかでもリアクション・ブックスのハリー・ジロニス、リアル・ピクルスのアディ・ローズ・ホランドに感謝したい。そして写真の使用を快諾してくれたエリク・ハルトグレン、キアン・ラム・コー、ジェマ・ワッツにも。本書に取り組む機会を与えてくれたリアクション・ブックス代表マイケル・リーマンと、エディブル・シリーズ編集長アンドルー・F・スミスには特大の感謝の気持ちを。ふたりは原稿ができあがるまで辛抱強く私を導いてくれた。最後に、本書のために快くレシピを提供してくれた料理人やシェフ、ご家庭にお礼を述べたい。みなさんのことは、レシピの冒頭で紹介させていただいた。

訳者あとがき

本書『ピクルスの歴史 *Pickles : A Global History*』は、イギリスのReaktion Booksが刊行しているThe Edible Seriesの一冊である。このシリーズは２０１０年、料理とワインに関する良書を選定するアンドレ・シモン賞の特別賞を受賞した。

「ピクルス」の代表格としてまっさきに思い浮かぶのは、甘酸っぱいキュウリだろうか。サンドイッチやハンバーガーに添えられたり、料理のソースに加えられたりと、日本では西欧から入ってきた食べ物という印象が強い。

一方、日本の「漬け物」と言えば、白飯やお酒のお供と考える方が多いのではないだろうか。ご飯、味噌汁、そして漬け物、これだけあれば立派な食事ができあがる。また、塩気や旨味が強い漬け物は、酒の肴としても最適だ。

まったく別物のようにも思える「ピクルス」と「漬け物」だが、本書では両方を取りあげている。というのも、英語では塩水や酢等に食品を漬け込むことや、漬け込んだ食品のことを「ピックル pickle」と呼ぶからだ。その意味では、日本の沢庵や梅干しも「ピクルス pickles」の一種であり、甘酸っぱいキュウリのピクルスやキャベツで作る酸味の強いザウアークラウトも「漬け物」の仲間なのである。

漬け物の歴史は古く、数千年前にはすでに存在していたらしい。缶詰も冷蔵庫もなかった時代、食品の長期保存にはさまざまな工夫が必要だった。塩や酢に食材を漬け込む手法も工夫から生まれたもののひとつだ。野菜はもちろん、魚介類や肉類、果物も、塩や酢、砂糖、米糠等に漬け込まれ、冬場の食卓を彩ったり、長い船旅に臨む乗組員の健康を守ったり、保存食として重宝されてきた。

しかし、いまやグローバル・フードに成長した漬け物が世界中で愛されているのは、保存性の高さだけが理由ではない。食材を漬け込むことによって生まれる独特の風味そのものが、人々を魅了するのだろう。そうでなければ、猛毒のフグの卵巣をわざわざ毒抜きして糠漬けにしようとは誰も思わないだろうし、ともすれば悪臭と言われそうなにおいを発するニシンの酢漬けの缶詰を楽しむ祭りが開催されたりはしないはずだ。

漬け物の栄養面や醱酵の仕組みが解明された現在は、保存性の高さや味わいの良さに加えて、健康増進効果があることもわかってきた。食糧難を解決するための切り札としても注目されている。

その美しさから宝石とも称される果物のマスタード風味のシロップ漬け、ウスターソース誕生のきっかけとなった酢漬けのタマリンドが主体のインドのソース、モロッコ料理に欠かせない塩漬けレモン等々、本書に登場する漬け物は、いったいどのような味や香りなのか、想像力をかきたてられるものばかりだ。なんとも奥深い漬け物の世界に浸ったあとは、とにかく何かを漬けてみたい、あるいはスーパーの漬け物コーナーに足を運びたい、そんな気持ちになるかもしれない。

最後に、翻訳にあたって原書房の善元温子さん、オフィス・スズキの鈴木由紀子さんに多大な助言をいただいた。この場を借りてお礼申し上げます。

甲斐理恵子

2018年8月

Office, ⓒ Turespana: p. 85; photo U.S. Department of Agriculture: p. 122 (U.S.National Archives and Records Administration, College Park, Maryland); photo WDnet: p. 104.

arnold inuyaki/Arnold Gatilao licensed the work on p. 121, and Engin Erdoğan the work on p. 68, under a Creative Commons Attribution 2.0 Generic license; ayustety from Kayaba-cho, Tokyo, has licensed the works on pp. 36 and 42, and Korea.net/ Korean Culture and Information Service the works on pp. 34 (photo Jangdok) and 37 (photo Overseas Culture pr), and Gavin Anderson from Tsukemono shop Uchida Tsukemono in Nishiki Ichiba, Nakagyo, Kyoto, the work on p. 39, under a Creative Commons Attribution-Share Alike 2.0 Generic license; photo Dirk Ingo Franke has licensed the work on p. 105, and Slevinr the work on p. 88, and Tamorlanthe work on p. 87, under a Creative Commons Attribution 3.0 Unported license; Ad Meskenshas licensed the work on p. 54, Midori the work on p. 28, Moonsun1981 the work on p. 113, and Pinpin the work on p. 15, under a Creative Commons Attribution-Share Alike 3.0 Unported license; Benreis has licensed the work on p. 71, Chrystledsouza: the work on p. 130, Jagisnowjughead the work on p. 131, N509FZ the work on p. 26, and Sidg13 the work on p. 129, under a Creative Commons Attribution-Share Alike 4.0 International license. Readers are free to share - to copy, distribute and transmit these works - or to remix - to adapt these works under the following conditions: they must attribute the work(s) in the manner specified by the author or licensor (but not in any way that suggests that they endorse you or your use of the work(s) and if they alter, transform, or build upon the work(s), they may distribute the resulting work(s) only under the same or similar licenses to those listed above).

写真ならびに図版への謝辞

本書に図版を提供し、再掲を許可してくれた下記関係者に、著者と出版社より感謝を申し上げたい。一部は簡潔にキャプション内で紹介した。

Photos the author: pp. 50, 51, 59, 62, 76, 80, 82, 83, 100; courtesy Bob's Pickle Pops (artist: Victor Guiza): p. 163; photo ⓒ ByeBye-Tokyo/iStock International: p. 6; from John Lewis Childs, Childs' Rare Flowers, Vegetables and Fruits (New York, 1903): p. 141 (photo U.S. Department of Agriculture, National Agricultural Library); photos ⓒ Cultural Heritage Administration, Republic of Korea, 2013 , with the permission of UNESCO: pp. 30, 34; from William Curtis, The Botanical Magazine, or, Flower-garden Displayed . . ., vol. ix (London, 1795), reproduced courtesy of Biodiversity Heritage Library (www.biodiversitylibrary.org): p. 65; photo Herbert E. French/Library of Congress, Washington, dc (Prints and Photographs Division - National Photo Company Collection): p. 124; photo Brenda Garzia, reproduced by kind permission: p. 90; Gemäldegalerie Alte Meister, Dresden (photo art Collection/Alamy Stock Photo): p. 95; photoⓒ gontabunta/iStock International: p. 44; HJ Heinz Company Photographs, Senator John Heinz History Center: p. 153; image courtesy of HJ Heinz Foods UK Limited: p. 148; photo Heritage Image Partnership Ltd/Alamy Stock Photo: p. 49; photo Keith Homan/BigstockPhoto: p. 146 (reproduced by kind permission of Crosse & Blackwell:); photograph by Erik Hultgren (skonasillar.blogspot.com): p. 97; photo ⓒ Ishikawa Prefecture Tourism League: p. 45; Jemma Watts Photography, reproduced courtesy of Aspall: pp. 135, 137; photo Emma Kindred, reproduced courtesy of Aspall: p. 18; courtesy Kian Lam Kho, Red Cook: p. 24; photo Inés Menacho, reproduced courtesy of La Mar Cebichería, Lima: p. 91; Metropolitan Museum of Art (gift of Mrs Emily Winthrop Miles, 1946 - accession no. 46.140.768a-d - Open Access): p. 116; courtesy Mt. Olive Pickle Company, Inc.: pp. 159, 160; Musée Archéologique de Sousse, Tunisia: p. 54; courtesy of the National Institute of Japanese Literature, Tachikawa City: p. 39; Real Pickles/Valley Lightworks (reproduced by kind permission): pp. 12, 108, 162; from Henry Sarson, Home Pickling, revd edn (London, 1949): p. 114; reproduced courtesy Sidney and Lois Eskenazi Museum of Art, Indiana University, Bloomington: p. 112 (photo Kevin Montague); reproduced courtesy of the Spanish National Tourist

Riddervold, Astri, and Andreas Ropeid, eds, *Food Conservation* (London, 1988)
Smith, Andrew, *Pure Ketchup: A History of America's National Condiment* (Columbia, SC, 1996)
Steinkraus, Keith, *Handbook of Indigenous Fermented Foods* (New York, 1983)
Tyree, Marion Cabell, *Housekeeping in Old Virginia* (Louisville, KY, 1878)
Yerasimos, Marianna, *500 Years of Ottoman Cuisine*, trans. Sally Bradbrook (Istanbul, 2015)
Waines, David, *In a Caliph's Kitchen* (London, 1989)
Williams, Susan, *Food in the United States, 1820s-1890* (Westport, CT, and London, 2006)
Wilson, Anne, *Food and Drink in Britain* (London, 1973) ——, ed., Waste Not, *Want Not: Food Preservation in Britain from Early Times to the Present Day* (Edinburgh, 1991)
Wilson, Hilary, *Egyptian Food and Drink* (Princes Risborough,2001)

2006)
Eden, Trudy, *Cooking in America, 1590-1840* (Westport, CT, 2006)
Efendi, Turabi, *A Turkish Cookery Book: A Collection of Receipts* (London, 1865)
Hepinstall, Hi Soo Shin, *Growing Up in a Korean Kitchen* (Berkeley, CA, 2001)
Hess, Karen, transcr., *Martha Washington's Booke of Cookery* (New York, 1995)
Hosking, Richard, *A Dictionary of Japanese Food: Ingredients and Culture* (Tokyo and Rutland, VT, 1996)［リチャード・ホスキング『外国人のための日本料理事典：和英・英和』チャールズ・イ・タトル出版，2010年］
Huang, H. T., *Science and Civilization in China*, vol. vi: *Biology and Biological Technology*, Part v, 'Fermentations and Food Science', part of *Science and Civilization in China*, ed. Joseph Needham (Cambridge, 2001)
Hui, Y. H., et al., eds, *Handbook of Vegetable Preservation and Processing* (Boca Raton, FL, 2003)
Ishige, Naomichi, *The History and Culture of Japanese Food* (London, 2000)
Katz, Sandor Ellix, *The Art of Fermentation: An In-depth Exploration of Essential Concepts and Processes from Around the World* (White River Junction, VT, 2012)［サンダー・エリックス・キャッツ『発酵の技法：世界の発酵食品と発酵文化の探求』水原文訳，オライリージャパン，2016年］
Leslie, (Miss), *Directions for Cookery, In Its Various Branches* (Philadelphia, PA, 1840)
Nassrallah, Nawal, *Annals of the Caliphs' Kitchens: Ibn Sayyār al-Warrāq's Tenth Century Baghdadi Cookbook* (Leiden, 2010)
Nicholson, P. T., and I. Shaw, eds, *Ancient Egyptian Materials and Technologies* (Cambridge, 2000)
Pederson, Carl, S., *Microbiology of Food Fermentations*, 2nd edn (Westport, CT, 1979)
Perry, Charles, trans., *A Baghdad Cookery Book* (Totnes, 2005) ——, trans., *'The Description of Familiar Foods: Kitāb Waṣf al-A.t'ima al-Mut'tāda'*, in R. Maxime, A. J. Arberry and Charles Perry, Medieval Arab Cookery (Totnes, 2001), pp. 274-410
Pettid, Michael, *Korean Cuisine* (London, 2008)
Pliny the Elder, *Naturalis historia*, trans. and ed. H. Rackham, Loeb Classical Library, 2nd edn (Cambridge, MA, 1968)［プリニウス『プリニウスの博物誌』中野定雄・中野里美，中野美代訳，雄山閣，1986年］
Reejhsinghani, Aroona, *Indian Pickles and Chutneys* (New Delhi, 1977)
Reynolds, Frances, 'Food and Drink in Babylonia', in *The Babylonian World*, ed. Gwendolyn Leick (London and New York, 2007), pp. 171-84

参考文献

Achaya, K. T., *A Historical Dictionary of Indian Food* (Delhi, 1998)——, *Indian Food: A Historical Companion* (Delhi, 1994)

Anon., *Manufacture of Indian Pickles, Chutneys and Morabbas* (Calcutta, 1927)

Apicius, *The Roman Cookery Book*, trans. Barbara Flower and Elisabeth Rosenbaum (London, 1958)

Battcock, M., and S. Azam-Ali, *Fermented Fruits and Vegetables: A Global Perspective*, Food and Agriculture Organization of the United Nations (Rome, 1998), www.fao.org, accessed 29 December 2015

Bilgin, Arif, and Özge Samanci, *Turkish Cuisine*, trans. Cumhur Oranci (Ankara, 2008)

Bottéro, Jean, *Everyday Life in Ancient Mesopotamia*, trans. Antonia Nevill (Edinburgh, 2001)

Breidt, Fred, et al., 'Fermented Vegetables', in *Food Microbiology: Fundamentals and Frontiers*, ed. M. P. Doyle and R. L. Buchanan, 4th edn (Washington, dc, 2013)

Cato, Marcus Porcius, *Liber de agricultura (On Agriculture)*, trans. W. Davis, revd H. B. Ash (London, 1954)

Chang, K. C., ed., *Food in Chinese Culture: Anthropological and Historical Perspectives* (New Haven, CT, and London, 1977)

Columella, Lucius Junius Moderatus, *De re rustica (On Agriculture)*, trans. E. S. Forster and Edward H. Heffer, vol. iii, Books x-xii (Cambridge, MA, and London, 1965)

Curtis, Robert, *Ancient Food Technology* (Leiden, 2001)

Cutting, C. L., *Fish Saving: A History of Fish Processing from Ancient to Modern Times* (London, 1955)

Dalby, Andrew, *Flavours of Byzantium* (Totnes, 2003) ——, *Siren Feasts: A History of Food and Gastronomy in Greece* (London and New York, 1996)

Darby, W. J., P. Ghalioungui and L. Grivetti, *Food: Gift of Osiris*, vols i and ii (London, 1977)

di Schino, June, 'Kimchi: Ferment at the Heart of Korean Cuisine, from Local Identity to Global Consumption', in *Cured, Fermented and Smoked Food, Proceedings of the Oxford Symposium of Food and Cookery 2010*, ed. Helen Saberi (Totnes, 2011)

Dunlop, Fuchsia, *Revolutionary Chinese Cookbook: Recipes from Hunan Province* (London,

レシピ集

伝統レシピ

◉カブとカラシナ

賈思勰『斉民要術』（人民の幸福のために重要な技術、544年）より。

1. カブとカラシナは、濃い塩水に3日間漬けたあと取り出す。
2. キビをすりつぶし、小麦粉と合わせて粥状にする。
3. 薄い塩水を熱し、2に静かに注ぐ。
4. 醗酵した小麦(*)をすりつぶし、絹紗でふるいにかける。
5. 壺に野菜を並べ、4を軽くふり、3で薄く覆う。
6. 壺がいっぱいになるまで繰り返し重ねる。
7. 野菜の束は葉先と根元が交互になるようにきっちり並べる。
8. 野菜を漬けた塩水を注ぎ、蓋をする。
9. 寝かせておくと、野菜が黄色くなり、かぐわしい香りがたつ。

(*) 醗酵用のカビは、加熱した小麦粉や米を固めて放置するとできる粉のような黄色いカビから作られた。典型的なのはコウジカビとクモノスカビである。

………………………………………………

◉マリー・ビクハル・ワカハルダル（酢とマスタード風味の魚の塩漬け）

アル＝バグダディ『料理の本 *Kitab al-Tabikh*』のチャールズ・ペリーによる翻訳『バグダードの料理本 *A Baghdad Cookery Book*』（トトネス。2005年）より。

1. 塩漬けの魚をごま油で揚げる。
2. 鍋から取り出し、粉末マスタードシードと粉末コリアンダーを入れた酢に漬ける。
3. 酢にサフランで着色する。

………………………………………………

◉ブドウの漬け物

トゥラビ・エフェンディ『トルコの料理集 *The Turkish Cookery Book, A Collection of Receipts*』（ロンドン。1865年）より。

1. 4.5～5.5kgの黒ブドウまたは白ブドウを用意する。
2. 傷みのない良い房を選り分ける。
3. 傷みのある房や小さい房は果汁を搾って漉し、移り香のない鍋で数分煮立てる。
4. 選り分けた房をよく洗い、陶器の壺の底に2～3房敷きつめて、マスタードシードをふりかける。
5. そこにブドウを重ね、またマスタードシードをふる。これを順に繰り返し、ブドウがすべてなくなるまで重ねてい

く。

6. 熱したブドウ果汁を注ぎ、容器を密封して30～40日間そのまま寝かせる。
7. 長期保存が可能で、心地よい酸味がとてもさわやかなひと皿になる。

◉スイート・ピクルス

ミセス・サイモン（リジー）・カンダー『植民地の食事 *The 'Settlement' Cook Book*』（ウィスコンシン州ミルウォーキー。1901年）より。

小振りのキュウリ…4.5リットル
塩…300*g*
水…2リットル
酢…3.7リットル
黒砂糖…340*g*
トウガラシ…4本
シナモンスティック…2本（適当な長さに折る）
オールスパイス…大さじ1
クローブ…大さじ2（頭の部分を取り除く）
マスタードシード…大さじ2
セイヨウワサビ…40*g*（さいの目切り）

1. キュウリをひと晩塩水に漬け、水気を切る。
2. 酢、黒砂糖、トウガラシ、シナモンスティック、オールスパイス、クローブを鍋で沸かし、そこにキュウリを入れて弱火で充分加熱する。
3. 熱いうちに容器に入れ、セイヨウワサビとマスタードシードを加える。
4. すぐに蓋をして密封する。

◉トマトケチャップ

ウィリアム・キッチナー『アピシウス・レディヴィヴス　料理人の言葉 *Apicius Redivivus ; Or, the Cook's Oracle*』（ロンドン。1817年）より。

1. 4リットルほどの赤く質の良い完熟トマトをつぶして450*g*の塩と合わせる。
2. 3日間寝かせてから果汁を搾り、1リットルにつきアンチョビー100*g*、エシャロット56*g*、挽いた黒コショウ28*g*を加えて半時間加熱する。
3. ざるで漉し、メース7*g*、オールスパイス7*g*、ショウガ7*g*、ナツメグ15*g*、コリアンダーシード2*g*、コチニール（赤色色素）1*g*を加える。
4. よく練り合わせ、20分間加熱し、布袋で漉す。
5. 冷めたら瓶に詰め、1瓶ごとにワイングラス1杯のブランデーを加える。
6. 7年間は日持ちする。

現代のレシピ

◉タコの漬け物

ギリシア、ミコノス島の〈ヴェジェラ・レストラン〉のコスタス・ランプロプロス考案。

1. タコを岩にたたきつけ、何かざらざらしたものに15分くらいこすりつける。

2. 表面が石鹸のように泡立つまで塩水で洗う。
3. タコを風通しのいい場所で3日間日干しにする。
4. 弱火で10分間あぶりながら、レモン果汁とオリーブオイルを混ぜたものをかける。
5. 3のように日干しする代わりに、生のタコを弱火で40分間、よく返しながらあぶってもよい。
6. あぶったタコは、やわらかくするために自然に冷まし、ひと口大に切る。
7. 赤ワインビネガー7に対しヴァージン・オリーブオイル3の割合でマリネ液を作り、乾燥オレガノを少量加えて香りをつけ、タコを漬ける。
8. 2日間寝かせてから、ヴァージン・オリーブオイルをかけて供する。
9. タコの漬け物は涼しい場所で1カ月、冷蔵庫で3カ月持つ。

◉エビ、またはタコのエスカベシュ

19世紀のメキシコ料理の専門家、ブレンダ・ガーザ考案。

植物油…大さじ3
タマネギ…2個（薄切り）
ニンニク…2片（切らない）
白ワインビネガー…480*ml*
水…480*ml*
オレガノ…小さじ3
タイム…小さじ1
粉トウガラシ…お好みで
コショウの実…10粒
塩…大さじ1
砂糖…お好みで
新鮮なタコもしくはエビ…1*kg*

1. 薄切りタマネギとニンニクを透明になるまで油で炒める。
2. 火から下ろし、ワインビネガー、水、オレガノ、タイム、粉トウガラシ、コショウを加える。
3. 火にかけて沸騰させ、塩を加える。
4. 味見をして酸味が強ければ砂糖を少し加える。
5. そのまま冷ます。
6. タコ（またはエビ）をお好みの方法で加熱調理し、皿に盛って5のマリネ液を注ぐ。
7. 冷まして（冷蔵はしない）、または常温で供する。

◉セビチェ・デ・カサレナ（アカプルコ風）

メキシコのブレンダ・ガーザ一家の考案。

ソースの材料
完熟トマト…2個（ざく切り）
タマネギ…半個（ざく切り）
ケチャップ…大さじ2
オレンジジュース…大さじ5
リンゴ酢…大さじ4
エクストラヴァージン・オリーブオイル…大さじ2
オレガノ…小さじ1

コショウ…小さじ1、またはお好みで
大粒のグリーンオリーブ…6個
セラノペッパー…みじん切りでお好みで

1. ヨーロッパヘダイまたはハタを1kg用意する。
2. 1～2cmのサイコロ状に切る。
3. 大振りのレモン12個前後の果汁をふりかけ、全体にまんべんなく果汁がなじむように時々混ぜながら、冷蔵庫で2～3時間寝かせる。
4. 切り身の透明感がなくなり白っぽくなったら、ペーパー等で軽く押さえて水気を取る。
5. ソースの材料を混ぜて魚を漬ける。
6. ざく切りのマンゴー、ココナツ、キュウリをつけ合わせにする。生ガキやハマグリを合わせてもよい。
7. スパイシーな辛いソース、トルティーヤを揚げたトスターダ、きりりと冷やしたテキーラを添えれば、立派な食事になる。

◉シル・イ・ディル（ディル風味のニシンの酢漬け）

スウェーデンのエリク・ハルトグレン考案。ニシンの酢漬けのレシピ専門のブログを開設している。
www.skonasillar.blogspot.co.uk

2倍濃縮ビネガー（12パーセント）(*)…100ml
砂糖…200g
水…300ml
漬け物用ニシンの切り身…420g
ディル…1房
オールスパイス…10粒
(*) 2倍濃縮ではないビネガーの場合は200ml、砂糖200g、水200mlにする。

1. ソースパンにビネガー、砂糖、水を入れて火にかけ、砂糖を溶かしてマリネ液を作る。
2. できあがったマリネ液を冷ます。
3. ニシンをひと口大に切る。ディルはハサミで切り、オールスパイスは粗めにすりつぶす。
4. 容器にニシン、ディル、オールスパイスを層にして順に入れていく。
5. マリネ液を注いで蓋をする。
6. 最低1日寝かせて味をなじませる。

◉ケララ州の魚の漬け物

イギリス、ニューカッスル・アポン・タインにある〈ユーリー・レストラン〉のユスフ・シェフ考案。

大きめの魚の切り身…2枚
粉末ターメリック…大さじ1
粉トウガラシ…大さじ1
塩…大さじ½
マスタードシード…小さじ½
トウガラシ…2½本
カレーリーフ…ひと握り
ショウガ…小1片（みじん切り）
ニンニク…小½片（みじん切り）
タマネギ…2個（みじん切り）

油…大さじ1
水…250*ml*

1. 魚をひと口大に切り、平鍋に油をしいて揚げ焼きにする。
2. 平鍋から取り出して冷ましてから、油少々と粉末ターメリック、粉トウガラシ、塩であえる。
3. 別のフライパンに残った油を熱し、マスタードシード、トウガラシ、カレーリーフを入れてよく混ぜる。
4. ショウガとニンニクを加えて色づくまで炒める。
5. タマネギを加え、あめ色になるまでさらに10分炒める。
6. 2の魚と水を加えてしばらく熱する。
7. ターメリックと塩で味を調える。
8. 冷蔵庫で保存すれば4日間持つ。

……………………………………………

◉白菜キムチ

韓国の料理人兼フードライター、キ・ジョ・サースフィールドの考案。ブロガーとしても活動。www.ksarsfield.blogspot.com

大きめの白菜…2個
粗塩…500〜600*g*
大根…2本
ネギ…300*g*
コチュカル（粉トウガラシ）…150*g*
アミの塩辛…100*g*
韓国のアンチョビーソースまたはタイの魚醤…120*ml*
つぶしたニンニク…大さじ5
おろしショウガ…大さじ3
砂糖…大さじ1
白菜2個を入れても余裕のあるガラスの密閉容器が必要（レシピ参照）。

1. 白菜から黄色い葉や傷んだ葉を取り除く。
2. 白菜をたて半分に切り、白い芯の部分に切れ目を入れる。
3. 水2リットルに塩300*g*を溶かし、残りの塩は白菜の葉のあいだに塗り込む。
4. 塩をした白菜を塩水に漬けて2時間置き、白菜をひっくり返して、さらに2時間寝かせる。
5. 4の白菜をよく洗って水気を切る。
6. 白菜の塩気が強すぎるようなら、水に1時間漬けて塩抜きする。
7. キムチペーストを作る。大根の皮をむいて長さ5センチ、厚さ3ミリのマッチの軸くらいに切る。
8. ネギを洗って大根と同じ長さに切る。
9. 大きめのボウルに7の大根、8のネギ、コチュカル、アミの塩辛、アンチョビーソース、ニンニク、ショウガ、砂糖を入れて手でよく混ぜ、半時間寝かせる。
10. 5の白菜をキムチペーストのボウルに入れ、葉のあいだにペーストをしっかり塗り込む。
11. 表の葉で根元までくるむようにして全体を半分に折り、形を整えて密閉容器に並べる。
12. 水240*ml*と粗塩をひとつまみ加え、

白菜が浮かないように押さえる。

13. 塩によって白菜から水が出るので、容器の容量の80パーセントを超えないように白菜を詰めること。
14. 容器を涼しい場所に1～2日間置き、その後冷蔵庫へ移してゆっくり醱酵させる。
15. 醱酵が進んでいないキムチをすぐに食べることもできるが、3～4日後の少し醱酵したキムチのほうが美味である。

....

◉トールシ（ピーマンの漬け物）

『太陽と炎の味　ガズィアンテプの料理 *A Taste of Sun and Fire : Gaziantep Cookery*』（ガズィアンテプ。2012年）の編集者アイリン・エニー・タンの考案。

細長いヘビキュウリ…2*kg*
小振りの青ピーマン…1*kg*
酢…480～720*ml*
水…2.4リットル
クエン酸…120*ml*
粗塩…100*g*

1. キュウリとピーマンを洗って水気を拭く。
2. キュウリは端を切り落とし、2つか3つに切る。
3. ピーマンはへたを取り、包丁の先で底に小さな穴を開ける。
4. キュウリとピーマンを5リットルの漬け物容器に並べる。
5. 酢、水、クエン酸、粗塩を混ぜ、キュウリとピーマンがすっかり隠れるように容器に注ぎ入れる。
6. 蓋をして冷暗所で数週間寝かせる。野菜が漬け汁にしっかり浸るように、毎日木べらで沈める。

....

◉ベレンヘナ・デ・アルマグロ（アルマグロ風ナスの漬け物）

このレシピも含め、自身のユーチューブ・チャンネル「Canal cómo se hace」で料理の実演をするパロマ・レンダイネスの考案。

アルマグロ・ナス…1½*kg*（小振りで、まだ外側が葉で覆われている未熟なもの）
ニンニク…4片（薄切り）
粉末甘口パプリカ…大さじ1
クミンシード…大さじ1
エクストラヴァージン・オリーブオイル…125*ml*
赤トウガラシ…1～2本（あぶって皮をむき、裂いておく）
乾燥フェンネル…数本
水…1リットル
白ワインビネガー…750*ml*
塩…お好みで

1. ナスを洗い、下端に十字に浅い切り込みを入れる。
2. ナスを鍋に入れて水を注ぎ、沸騰してから15分ほど煮る。
3. 湯を捨てて、冷水に漬ける。
4. ソースを作る。ニンニク、パプリカ、

クミンシード、分量の¾のオリーブオイルをこねるようによく混ぜる。

5. ナスの切り込みに赤トウガラシと4のソースを詰め、崩れないようにフェンネルを刺して留める。
6. 大きめのボウルに5のナスと残りのソースを入れる。
7. 水、ビネガー、残りのオリーブオイル、お好みで塩を混ぜ合わせ、6に加える。
8. ボウルに蓋をして冷蔵庫で3〜4日寝かせる。
9. ガラスの壺にナスを詰め替え、漬け汁を注ぎ、さらに2日間寝かせる。

……………………………………………

◉梅干し

Y・モリカワの家庭のレシピをボルテール・カンがアレンジ。

完熟梅は、毎年6月初旬の梅雨入り頃に出回る。梅雨の長さで梅を漬ける長さが決まり、さまざまな「年代物」の梅干しも作られる。

完熟梅…1*kg*
海塩…150*g*
焼酎（または、アルコール度数35パーセント以上のウオッカ等）…200*ml* ほど
◯梅を赤く染める場合に追加する材料
赤シソ（エゴマの変種）…100*g*
塩…3にぎり

1. 梅のへたを爪楊枝で取る。
2. 梅を洗い、平らなざるに並べて乾燥させる。
3. 梅を焼酎に漬けて殺菌し、水気を切って塩をまぶす。
4. 漬け込む容器の内側に厚手の食品用ポリ袋をセットする。
5. ポリ袋に塩をまぶした梅を入れ、上に重しを置いて袋の口をしっかり閉じる。
6. 冷暗所に3日間ほど置き、梅酢があがってくるまで寝かせる。
7. 重しをひとつ取り除く。
8. 赤シソを入れる場合は、シソをよく洗って水気を取る。
9. シソに塩ひとすくいをまぶしてよくもみ、水気を抜く。これをさらに2回繰り返す。
10. 梅と梅酢を少し取り、ボウルに入れて9のシソと混ぜる。
11. 梅と赤シソを容器に戻す。
12. 袋の口を閉じなおし、赤シソを入れている場合は2〜4週間、入れていない場合は梅雨が明けるまで置く。
13. 梅雨が明けたら（7月中旬〜下旬）、梅を容器から取り出す。梅酢はそのままにしておく。
14. 梅（シソは取り除く）を平らなざるに重ならないように並べる。
15. 赤シソを入れた場合は、梅酢を漉して赤シソをざるに広げる。
16. 梅酢をガラス容器に移す。
17. 梅、赤シソ、梅酢をそれぞれ屋外の直射日光の当たる場所に置き、乾燥殺菌する。
18. 梅は日向で3日間連続で干すこと。
19. 梅が乾燥したら、焼酎で殺菌して

乾燥させた容器に入れる。

20. 少し甘酸っぱい梅干しにするには、砂糖を少々ふる。

21. 乾燥した赤シソは、梅干しの容器に入れてもよいし、別に保存してもよい。粉末にして魚や野菜の香りづけに使われることが多い。

22. 梅酢は別容器で保存し、酢として使う。

23. 梅干しはかなり長期間持つ。

注

第２章　アジア　醱酵と加熱

（1）醱酵用のカビは、加熱した小麦粉や米を固めて放置するとできる粉のような黄色いカビから作られた。典型的なのはコウジカビとクモノスカビである。

（2）14 March 1967. *Foreign Relations of the United States, 1964-1968*, vol. xxix, Part 1, Korea, Department of State, Washington, cited in *The Rushford Report Archives*, www.rushfordreport.com, 2003/4.

（3）Carl S. Pederson, *Microbiology of Food Fermentations* (Westport, CT, 1979), p. 19.

（4）Mark Magnier, 'In an Age of SARS, Koreans tout Kimchi Cure', www.latimes.com, 17 June 2003.

（5）Laurence Oliphant, *Narrative of the Earl of Elgin's Mission to China and Japan in the Years 1857, '58, '59* (London, 1859), vol. ii, Chap. vi, pp. 131-2.

（6）小泉武夫「日本の伝統的食品と発酵の神秘」*Food Culture*, 創刊号, 2000年, pp. 24-27 (p. 27).

第３章　地中海　太古と現代

（1）Columella, Lucius Junius Moderatus, *De re rustica* (On Agriculture), trans. E. S. Forster and Edward H. Heffer, Loeb Classical Library (Cambridge, MA, and London, 1965), vol. iii, Book x, 120, www.loebclassics.com.

（2）Pliny the Elder, *Naturalis historia* (Natural History), 2nd edn, trans. and ed. by H. Rackham, Loeb Classical Library (Cambridge, MA, 1968), Book xix, 43, www.loebclassics.com.

（3）Martial, *Epigrams*, ed. and trans. by D. R. Shackleton Bailey, Loeb Classical Library (Cambridge, MA, 1993), Book xiii, 83, www.loebclassics.com.

（4）'The Description of Familiar Foods', trans. and introduction by Charles Perry, in *Medieval Arab Cookery*, ed. R. Maxime, A. J. Arberry and Charles Perry (Totnes, 2001), pp. 274-410 (p. 406).

第４章　中東からラテンアメリカへ　アラブ人とコンキスタドール

(1) Extract from Nawal Nasrallah, *Annals of the Caliphs' Kitchens: Ibn Sayya-r al-Warra-q's Tenth Century Baghdadi Cookbook* (Leiden, 2010), p. 206.
(2) 同上。p.208.
(3) Extract from Charles Perry, trans., *A Baghdad Cookery Book* (Totnes, 2005), pp. 86-7.
(4) Alan Davidson, ed., *The Oxford Companion to Food* (Oxford, 1999), p. 432.

第５章　バルト海からアメリカへ　栄養と香り

(1) Cited in Renee Valeri, 'A Preserve Gone Bad or Just Another Beloved Delicacy? Surstromming and Gravlax', *in Cured, Fermented and Smoked Foods, Proceedings of the Oxford Symposium on Food and Cookery*, ed. Helen Saberi (Totnes, 2010), pp. 343-52 (p. 351).
(2) John Evelyn, *Acetaria: A Discourse of Sallets* (London, 1699), p. 23.
(3) Cited in Bertram Gordon, 'Fascism, the Neo-right and Gastronomy', in *Taste: Proceedings of the Oxford Symposium on Food and Cookery*, ed. Tom Jaine (Totnes, 1987), pp. 82-97 (pp. 83-4).
(4) Robert and Helen Lynd, *Middletown: A Study in American Culture* (New York, 1929), p. 156.

第６章　アジアから大西洋へ　貿易と大国

(1) Jaffur Shurreef, *Qanoon-e-Islan, or the Customs of the Moosulmans of India; comprising a full and exact account of their various rites and ceremonies*. Composed under the direction of, and translated by, G. A. Herklots, 2nd edn (Madras, 1863), p. 132.
(2) *Oxford English Dictionary*, from E. B., *A New Dictionary of the Terms Ancient and Modern of the Canting Crew* (London, 1690).
(3) Cited in Andrew Smith, *Pure Ketchup: A History of America's National Condiment* (Columbia, SC, 1996), pp. 19 and 184.
(4)「タバスコ」の名称とロゴ、菱形のラベル、ボトルはすべて、アメリカおよび他の諸国において、マキルヘニー社の登録商標である。

第７章　現代の漬け物

(1) M. Battcock and S. Azam-Ali, *Fermented Fruits and Vegetables: A Global Perspective* (Rome, 1998), paras. 1.3-1.3.2, www.fao.org, accessed 29 December 2015; and

Keith Steinkraus, *Handbook of Indigenous Fermented Foods* (New York, 1983).

(2) D Rybaczyk-Pathak, 'Joint Association of High Cabbage/Sauerkraut Intake at 12-13 Years of Age and Adulthood with Reduced Breast Cancer Risk in Polish Migrant Women: Results from the U.S. Component of the Polish Women's Health Study', *American Association Cancer Research: 4th Annual Frontiers Cancer Prevention Res.* (Baltimore, MD, 2005).

(3) Y. H. Hui et al., eds, *Handbook of Vegetable Preservation and Processing* (Boca Raton, FL, 2003), pp. 249-55; David Chazan, 'Korean Dish May Cure Bird Flu', www.news.bbc.co.uk, 14 March 2005; Mark Magnier, 'In An Age of SARS, Koreans Tout Kimchi Cure', www.latimes.com, 17 June 2003.

(4) Sook Kwin Yong et al., 'Associations of Lifestyle and Diet with the Risk of Nasopharyngeal Carcinoma in Singapore: A Case-control Study', *Chinese Journal of Cancer*, xxxvi/3 (January 2017).

(5) Kevin Miller, 'Reflex Inhibition of Electrically Induced Muscle Cramps in Hypohydrated Humans', *Medicine and Science in Sports and Exercise*, xlii/5 (May 2010), pp. 953-61.

(6) Carol S. Johnston and Christy L. Appel, 'Frozen Pickle Juice Reduces Mealtime Glycemia in Healthy Adults', www.fasebj.org, April 2009.

ジャン・デイヴィソン（Jan Davison）
フードライター。Eat This Podcast 等、多くの食品関連のブログに寄稿している。2012年の「オックスフォード食と調理のシンポジウム」では、「包み料理と詰め物料理の部」で論文「技術と錬金術　ヨーロッパ伝統の燻製ソーセージ Art and Alchemy: The Authentic Air-cured Sausages of Europe」を発表。著書『イギリスのソーセージ *English Sausages*』（2015年）では、あまり知られていないイギリスのソーセージやプディングの歴史を追った。ロンドン在住。

甲斐理恵子（かい・りえこ）
翻訳者。北海道大学卒業。おもな訳書にジョセフ・M・カーリン『「食」の図書館　カクテルの歴史』、イアン・ミラー『「食」の図書館　水の歴史』（以上、原書房）などがある。

「食《しょく》」の図書館《としょかん》

ピクルスと漬《つ》け物《もの》の歴史《れきし》

●

2018 年 *9* 月 *25* 日　第 *1* 刷

著者……………ジャン・デイヴィソン

訳者……………甲斐理恵子《かいりえこ》

装幀……………佐々木正見

発行者……………成瀬雅人

発行所……………株式会社原書房

〒 160-0022 東京都新宿区新宿 1-25-13

電話・代表 03(3354)0685

振替・00150-6-151594

http://www.harashobo.co.jp

印刷……………シナノ印刷株式会社

製本……………東京美術紙工協業組合

ISBN 978-4-562-05559-3, Printed in Japan